신입사원 왕초보, 재무제표의 달인이 되다

신입사원 왕초보, 재무제표의 달인이 되다

신방수 지음

아라크네

재무제표 지식이 경쟁력이다

그동안 제가 만나 본 성공한 CEO들은 하나같이 숫자 감각이 뛰어났습니다. 그들 중에는 초등학교도 못 나온 사람도 있었고 학교 다닐 때 공부하고는 담쌓고 지낸 사람도 있었습니다. 하지만 학벌과 상관없이 모두 숫자 감각이 뛰어났습니다. 특히 원가계산과 이익이 얼마인지를 따져 보는 데 귀신같았습니다.

비즈니스에서 성공은 숫자 감각과 재무제표를 볼 줄 아는 능력을 갖고 있느냐 갖고 있지 않느냐로 판가름이 납니다. 우리 주변에는 뛰어난 기술력을 가지고 있었음에도 불구하고 상업적으로 실패하는 사람들을 많이 볼 수 있습니다. 모두가 기술력만 믿고 회계와 재무제표를 우습게 여기거나 잘 모르고 시작했기 때문입니다. 어디 그뿐인가요? 직장에서 실력을 인정받는 유능한 사람들이 결국은 CEO에 오르지 못하고 퇴직하는 경우를 자주 봅니다. 회계와 재무제표에 문외한이다 보니 기업을 경영하는 자리에까지는 오르지 못한 것입니다.

수년 전 인기리에 리바이벌 됐던 텔레비전 드라마 「사랑과 야망」을 살펴봐도 금방 알 수 있습니다. 드라마 속 주인공 박태준은 일류대 법대를 졸업하고 외무고시까지 패스했지만 공직보다는 기업에서 야망을 이루는 것이 더 좋다고 판단합니다. 그래서 그는 국내 최고의 기업에 입사 시험을 보고 당당히 수석합격합니다. 그런 그가 가장 원하는 부서가 경리부였고 회사가 그 직원에게 주는 최고의 특혜가 바로 경리부 발령이었습니다. 왜 그렇게 경리부에 들어가고 싶어 했을까요? 그건 바로 기업의 돈이 어떻게 돌아가는지를 알아야만 고위직에 오를 수 있기 때문입니다. 기업의 재무 현황을 모르면서 기업을 이끌어 갈 수는 없습니다. 경리 재무 담당자가 CEO가 되는 경우가 많은 이유가 거기에 있습니다.

최근 들어 회계와 재무제표 지식이 업무에서 차지하는 비중이 점점 커지고 있습니다. 기업의 다양한 이해관계자들이 재무제표를 보고 기업을 평가하는 일이 잦아지면서 재무제표의 중요성이 부각되고 있기 때문입니다.

기업에서는 제품 개발부터 마케팅까지 누가 어떤 일을 하더라도 공통적으로 건강한 재무제표를 만드는 데 힘을 모으고 있습니다. 이렇게 해야 기업의 가치가 올라가고 구성원들의 자긍심이 올라가기 때문이죠. 결국 기업에서 하는 모든 일은 재무제표가 좋게 나오도록 하는 일이라고 볼 수 있습니다.

앞으로 이런 현상은 지속적으로 연출될 것입니다. 따라서 재무인이든 비재무인이든 그리고 싫든 좋든 회계와 재무제표 지식을 갖추어야 치열한 경쟁사회에서 살아남을 수 있습니다.

"나는 기술만 알아도 돼"라고 생각하는 이공계 출신이나 "회계, 골치 아픈 것 뭣 때문에 신경을 쓰는데? 그것은 경리나 하는 거지"라고 생각하는 관리자들은 그야말로 기업의 목표가 뭔지도 모른 상태에서 일을 하는 것이며 최악의 경우에는 기업과 괴리된 채로 최후를 맞이할지도 모릅니다.

또한 운 좋게 임원이나 CEO가 되었다고 하더라도 회계와 재무제표 지식이 없다면 어려운 상황이 닥쳤을 때 이를 헤쳐 나가기가 결코 쉽지만 않을 것입니다.

저는 이러한 위기의식을 갖고 기업에 몸담고 있는 분들에게 회계와 재무제표의 중요성을 알리고 싶었습니다. 정말로 비즈니스맨에게 회계와 재무제표 지식은 전쟁터에 나가는 전사의 무기와 같습니다.

재무제표 지식은 최고의 경쟁력이자 성공으로 가는 차표입니다. 이제부터라도 회계와 재무제표 지식을 체계적으로 알아 둘 필요가 있습니다. 근데 회계와 재무제표는 너무 어렵다고 말하는 분들이 있을지 모르겠습니다. 지금까지 시중에 나와 있는 회계와 재무제표 책들이 너무 전문적인 용어와 설명으로 일반인의 접근을 막았던 게 사실입니다. 저는 그런 책들을 볼 때마다 아쉬움을 느끼곤 했습니다. 그래서 어렵고 딱딱한 재무제표를 보다 쉽게 이해할 수 있도록 해 주는 책을 집필해야겠다는 생각을 하게 되었습니다. 이 책은 바로 그 생각의 실천입니다.

이 책은 어떻게 하면 회계와 재무제표를 쉽고 재미있게 전달할 수 있을까 하는 관점에서 집필되었습니다. 따라서 독자들은 부담 없이 회계와 재무제표의 활용법에 대해 현장감 있는 지식을 습득할 수 있을 것으로 생각합니다. 다만, 기초가 약한 분들은 이 책의 자매서로서 독자들의 한없는 사랑을 받고 있는 『한 권으로 끝내는 회계와 재무제표』를 참조하시면 더 많은 실력을 쌓을 수 있을 것으로 생각합니다.

이 책은 신입사원 왕초보가 이절세 팀장과의 대화와 학습을 통해 재무제표의 기초를 닦고 재무제표를 자유자재로 활용하게 되는 과정을 그리고 있습니다. 또한 내용상 다음과 같은 특징을 가지고 있습니다.

첫째, 신입사원이나 기타 비재무인들의 입장에서 회계와 재무제표를 쉽게 이해할 수 있도록 기초 원리를 다루었습니다. 재무제표 분석이나 경영에의 활용은 회계의 기초 없이는 절대 할 수 없습니다. 무슨 일이든 기본이 튼튼해야 하는 이치가 여기에서도 적용되고 있는 것이지요. 회계조작이 왜 발생하는지 이를 예방하려면 어떻게 해야 하는지 이를 이해하는 것도 다 기초 원리와 관계가 있답니다.

둘째, 원가정보의 활용법을 다루었습니다. 원가는 제조업이나 서비스업 등 모든 업종에서 나타나는 것으로서 이를 어떻게 다루느냐가 기업의 경쟁력을 결정한다고 해도 과언이 아닐 것입니다. 눈에 보이지 않는 원가가 무엇인지도 이 책을 통해 발견해 보시기 바랍니다.

셋째, 재무제표의 활용법을 다양하게 소개하였습니다.
재무제표를 분석하고 이를 경영에 활용할 수 있는 사례들을 소개하였습니다. 재무제표로 기업구조를 조정하는 방법, 경영관리나 경영분석을 하는 방법 등을 보시면 재무제표와 경영의 관계를 이해할 수 있을 것입니다. 이외에도 기획서를 작성하거나 판매계획안을 수립할 때 등의 경우에도 이러한 지식들의 유용성을 설명하였습니다.

이 책은 기본적으로 국내 기업에서 재무 관련 일을 하는 분뿐만 아니라 직접적으로 재무와 관련이 없는 분들이 보더라도 많은 도움을 받을 수 있을 것으로 생각합니다. 특히 사회초년생들이나 승진을 생각하는 중간 관리자 그리고 임원이나 경영자들은 곁에다 두고 필요할 때마다 꺼내 두고 보아도 전혀 손색이 없을 것으로 확신합니다. 또한 사내에서 재무교육 교재로도 손색이 없을 것입니다.

그리고 창업을 꿈꾸는 분이나 자산관리하는 분들 그리고 국가경제를 책임지고 있는 분들에게도 도움이 될 것입니다.

끝으로 이 책을 내주신 아라크네 김연홍 사장님과 직원들에게 감사의 말씀을 드립니다. 그리고 사랑하는 아내 배순자와 소중한 큰딸 하영이와 작은딸 주영이에게 이 책을 바칩니다.

신방수(세무사)

목차

1

신입사원 왕초보,
재무제표의 필요성을 느끼다

재무제표를 알면
회사가 어떻게 돌아가는지 안다

"우리 팀에 있는 신입사원 왕초보 알지? 그 친구가 나보고 재무제표의 기초부터 활용법까지 자세히 알려 달라고 하더군. 그동안 내가 그 친구에게 재무제표의 중요성에 대해 귀에 못이 박히도록 강조하고 또 강조했잖아."

증권회사에서 자산관리 팀장을 맡고 있는 이절세가 아내 야무진에게 말했다.

"우와, 왕초보 그 친구 정말 똑똑하네. 단지 배우는 데만 그치지 않고 그 활용법까지 생각하니 말이야. 당신, 그 친구에게 잘 보여야겠어. 앞으로 크게 될 것 같아. 이번에 재무제표 좀 잘 가르쳐 주고 점수도 따두지 그래."

"그게 말처럼 쉬운 일이 아니야. 그 친구는 재무제표 활용 사례를 하나하나 자세히 알려 달라고 하더군. 요구 수준이 보통이 아니었어. 우리는 보통 재무제표 분석은 투자정보 등에 이용하는 걸로만 생각하잖아. 근데 그 친구는 재무제표 분석을 통해 경영을 이해하고 싶다는 거야. 어디서 그런 말을 주워들었는지 꼬치꼬치 캐묻더라고."

"여보, 맞았어. 나도 재무제표 분석은 경영의 제1단계라고 들었어. 회사가 어떻게 돌아가는지를 알려면 재무제표를 보면 된다고 하잖아."

"하지만 회사 안을 들여다볼 수도 없고. 일단 그런 것을 알려면 직접 경영도 해 봐야 하지 않겠어?"

"어허, 우리 남편, 당신 이런 말 알지? 등잔 밑이 어둡다고."

"……."

"당신이 다니는 회사부터 들여다보면 되지. 당신 회사도 재무제표를 작성하고 있고 재무제표 분석 등을 통해 원가절감이다 혁신운동이다 하면서 갖은 방법을 동원해 위기를 극복하고 성장해 나가려고 하잖아."

"아, 맞다. 재무제표와 경영과의 관계를 회사 외부에서 찾을 게 아니라 회사 내부에서 찾으면 되겠네? 회사가 굴러간다는 것은 이미 경영이 시작됐다는 것을 의미하고 그렇게 되면 당연히 재무제표도 나오고……. 왜 내가 밖에서만 찾으려고 했지?"

이절세는 아내의 평범하면서도 날카로운 지적에 다시 한 번 감탄사를 연발했다.

"역시, 야무진답군. 이런 순간마다 난 당신이 새롭게 보여."

"뭐, 새삼스럽게. 그나저나 재무제표부터 먼저 잘 알아 둬야 경영과의 관계를 이해할 수 있을 거야. 그 다음에 회사 내 각 조직의 업무가 어떻게 경영과 연결되는지 알 필요가 있고. 예를 들어 회사에서 총무부나 경리부는 영업 실적을 올리는 데 관여하지 않지만 이들 부서가 없으면 회사가 돌아가지 않아. 물론 이들 부서들이 너무 비대해지면 영업 이익을 까먹게 되므로 적정 인원을 유지하는 것도 중요해."

"결국 재무제표에서 답을 찾아야 한다는 것이네?"

이절세 팀장은 야무진에게 조심스럽게 한 가지를 더 물어봤다.

"하지만 우리 회사 같은 서비스 업종의 재무제표와 경영의 관계를 이해한다고 해서 모든 업종을 이해한다는 것은 아니겠지?"

"그야 그렇지. 하지만 업종이 다르더라도 재무제표와 경영과의 관계는 비슷한 원리로 움직여. 이것만 알면 되지 않을까? 물론 제조업이나 건설업 같은 업종은 서비스업과는 달리 제조나 건설과정이 있어 다소 복잡해지겠지만."

"당신 말이 맞는 것 같아. 일단 재무제표의 흐름을 이해하고 현재 진행되고 있는 각종 경영활동을 재무제표와 연관시키면 답을 나올 것 같아. 여보, 고마워."

이절세는 똑똑한 아내가 고맙고 자랑스러웠다.

"이까짓 걸 가지고 뭘 그래? 앞으로 헤쳐 나갈 일들이 얼마나 많은데. 원가 같은 개념을 맞닥뜨리면 아마 머리에 쥐날걸? 하하. 하지만 걱정 마. 내가 많이 도와줄게."

야무진은 어느 세무법인에서 재무제표를 작성하는 업무를 해 봤기 때문에 회계와 재무제표, 원가 같은 개념을 훤히 들여다볼 수 있었다.

왕초보,
재무제표의 필요성을 느끼다

"팀장님, 회계부서나 경리부서가 아닌 곳에서 근무하는 사람들도 회계와 재무제표를 이해할 필요가 있을까요?"

신입사원 왕초보가 이제 회계와 재무제표의 달인이 되기 위해 사실상 첫발을 내딛는 이절세 팀장에게 말했다.

"아니 갑자기 왜 그런 말을 하지? 지금까지 초보 씨는 회계 공부를 잘해 오지 않았나? 물론 초보 씨는 고객의 자산관리를 맡고 있어서 배우기 시작했지만 말이야."

"그건 그렇습니다만, 저뿐 아니라 다른 회사의 영업직이나 기술직 등 회계와 관계없는 부서에 있는 사람들이 굳이 회계와 재무제표까지 알아야 하는지 가끔씩 회의가 들 때가 있습니다. 회계와 재무제표가 너무 어려워서 그런 면도 있고요."

"어허, 왕초보, 모르는 소리 하지 마. 영업직이든 기술직이든 자영업자든 회계와 재무제표를 모르고 성공하는 사람 봤나?"

"......"

경제활동을 하는 사람이라면 누구나 회계와 재무제표를 알아야 한다. 왜 그런지 예를 들어 보자.

월급생활자나 사업자는 자신이 보유한 자원으로 근로소득이나 사업소득 같은 일상적인 소득을 창출하고 그중 일부를 소비하고 나머지를 잉여금으로 확보한다.

이 같은 과정을 기업의 손익계산서의 형태로 표현하면 다음과 같다.

소비(비용)	수입(수익)
잉여금(이익)	

여기서 잉여금은 수중에 남아 있는 금액으로 아래 대차대조표(재무상태표라고도 함) 상의 자본을 형성한다.

자산 (예금, 주택 등)	부채(남의 돈)	
	자본 (내 돈)	자본금
		잉여금
자산 계	부채와 자본 계	

개인의 재산 축적 과정은 바로 위와 같이 손익계산서 상의 이익이

대차대조표 상의 자본을 형성하고 자신에 재투자하는 것으로 이해할 수 있다. 물론 투자 시에 내 돈(자본)이 부족하다면 남의 돈인 부채를 빌려서 투자할 수밖에 없다. 그래서 부자가 되고 싶은 사람은 우선 수입을 키우는 활동에 치중하고 단기간에 자본을 형성해 수익성이 있는 자산에 투자해야 한다.

그런데 기업 내부를 가만히 들여다보면 이들도 개인이 재산 형성을 할 때와 같은 원리로 치열한 경쟁 속에서 살고 있다. 그들도 보유 자원을 가지고 수익을 창출해 자본을 재충전하고 충전된 자본을 자산에 재투자해 기업을 키우고 있는 것이다.

이렇듯 개인이나 기업은 재무제표 원리를 바탕으로 경제활동을 하고 있다. 따라서 경제활동을 하는 사람들이라면 이 원리를 보다 더 잘 이해할 필요가 있다. 이 원리를 바탕으로 만들어진 경쟁체제에서 쉽게 적응하기 위해서다.

그렇다면 현대인들은 회계와 재무제표를 얼마나 알고 있을까?

우선, 직장인들에게 회계의 필요성은 경리나 재무 관리부 정도에서나 강조된다.

그 외 부서는 회계와 재무제표와의 관련성이 현저히 떨어진다. 극단적으로 회계와 재무제표를 하나도 몰라도 직장생활을 하는 데 아무런 문제가 되지 않는 경우도 있다. 현실적으로 회계와 재무제표에 대해 무관심해질 수밖에 없는 환경이다.

그러다 보니 경리나 재무 관리부가 아니면 회사의 목표나 경영을 이해하지 못하고 따로 노는 경우가 생긴다. 이런 사람들이 많을수록 기업의 실적이 좋아지기를 바라기는 어렵다.

그래서 기업을 운영하거나 기업에서 중간관리자를 거쳐 CEO가 되기 위해서는 회계와 재무제표를 잘 알아야 한다. 특히 연구나 생산부서에서 일하는 직장인들의 경우에는 더욱 그렇다.

실제 회계와 재무제표를 잘 알면 좋은 점이 한두 가지가 아니다.

예를 들어 재무제표를 보면 회사의 경영 흐름이 한눈에 파악된다. 재무제표가 담고 있는 정보들이 무궁무진하기 때문이다.

또한 재무제표를 분석하면 현재의 기업 재무상태와 경영성과뿐만 아니라 미래 기업의 모습도 예측할 수 있다. 물론 시시각각 변하는 경영환경에 능동적으로 대처할 수 있는 길도 알려 준다.

따라서 CEO를 꿈꾸거나 실무자들이 당장의 업무 효율을 올리기 위해서는 회계와 재무제표를 이해할 필요가 있다.

경영진과 직원들의
재무제표 활용법

"팀장님이 재무제표의 중요성을 알려 주셨지만 여전히 가슴에 와 닿지 않습니다. 도대체 그게 어디에 필요하나요?"

호기심 많은 신입사원 왕초보는 재무제표의 활용법을 알고 싶어했다.

"재무제표가 주주들에게는 투자에 관한 정보를, 채권자들에게는 채무상환 능력에 관한 정보를, 과세당국에게는 납세에 관한 정보를 제공한다고 볼 수 있지."

"결국 재무제표는 기본적으로 주주, 채권자, 과세당국이 주로 이용한다고 보면 되겠네요."

"그렇지. 하지만 회사 내부에 있는 사람들에게도 이 재무제표는 그에 못지않게 중요하지."

"아, 설명이 좀 더 필요할 것 같습니다."

왕초보는 이절세 팀장의 대답을 듣기 위해 귀를 쫑긋이 세웠다.

실무적으로 재무제표는 기업 외부의 이해관계자뿐만 아니라 기업 내부의 이해관계자인 경영자, 종업원, 노조 등에서도 폭넓게 활용되고 있다. 다만, 외부에 공표되는 재무제표는 대차대조표나 손익계산서 등 일정한 양식으로 보고 되지만, 내부에서 사용되는 재무제표는 그 형식이 없이 각 기업의 실정에 맞게 여러 가지 형태로 변형돼 사용되는 특징이 있다.

① 경영자

경영자에게 재무제표는 매우 중요하다. 예를 들어 경영자는 사업연도 중에 수시로 경영 상태를 점검하고 문제점이 나타날 경우 대책을 마련하곤 한다. 물론 재무제표를 분석함으로써 회사의 당면과제를 알 수 있다. 예를 들어 다음과 같이 실적이 평가됐다고 하자.

구분	1사분기		
	계획	실적	차이(실적－계획)
수익	1,000억 원	900억 원	△100억 원
비용	800억 원	750억 원	△50억 원
이익	200억 원	150억 원	△50억 원

이 같은 성적표를 받았다면 경영자는 이에 대한 차이 분석을 실시해야 한다. 수익(매출)은 왜 계획대로 달성되지 않았는지, 매출이 급감했으나 비용은 왜 많이 떨어지지 않았는지, 자금문제는 없는지, 앞으로 사업계획을 수정해야 하는지 등에 대해 검토해야 한다. 재무제표는 경영자의 이러한 분석 및 의사결정에 많은 도움을 주고 있다(이에 대한

자세한 내용들은 제4~6장에서 자세히 살펴볼 수 있다).

② 기업 실무자

기업 실무자들이 업무 외적으로 재무제표를 활용하는 경우는 많지 않다. 다만, 회사가 얼마 벌어서 얼마 이익을 내고 있는가 정도만 알아도 큰 문제는 없다.

그러나 현실적으로 재무제표를 알아야 업무가 순조롭게 돌아가는 경우가 많다. 예를 들어 다음의 각 부서별 업무들은 기업의 재무상태와 경영성과에 많은 영향을 준다. 각 부서의 업무결과는 재무제표에 반영될 수밖에 없기 때문이다. 따라서 재무제표를 제대로 알고 업무를 진행하면 능률을 제고시킬 가능성이 높다.

경영기획부 사업계획서 등을 작성할 때 재무제표를 활용한다.
영업부 견적서 제출, 거래처 신용평가, 지점 설치, 마케팅 수단 변경 등에 재무제표가 활용된다.
총무부 재무제표 상의 기업자산이 불량자산이 되지 않도록 관리한다.
인사부 인재를 뽑고 이들이 기업에 공헌하도록 하는 역할을 담당한다.
생산부 계획한 제조원가와 실제 제조원가를 비교해 제조원가를 최대한 낮추기 위한 노력을 한다.
구매부 구매는 제조원가와 관계있으므로 양질의 자재를 저렴하게 구매한다.
경영지원부 회사의 목표를 달성할 수 있도록 경영을 지원한다.
경리·회계부 직접 재무제표를 생산하고 분석 자료를 만든다.

③ 노조

노조는 회사와 임금 협상을 하기 위해 재무제표를 활용한다. 특히 재무제표 중 손익계산서를 중점적으로 분석하게 된다.

Tip 재무제표는 누가 이용할까?

기업이 크건 작건 다양한 이해관계자들이 존재한다.

예를 들어 기업 외부에는 주주들이 있고 채권자들이 있다. 그리고 납품을 하는 사람도 있고 과세당국도 있다. 한편 기업 내부에는 경영자도 있고 종업원도 있고 노조도 있다. 이처럼 다양한 이해관계자들은 자신들의 이해관계를 따져 보기 위해 해당 기업의 정보를 적기에 필요로 하고 있다. 이를 바탕으로 의사결정을 내려 자신들의 목적을 달성할 수 있기 때문이다.

그렇다면 기업의 이해관계자들은 어떤 정보를 원하는가?

재무제표 이용자를 외부 및 내부로 나누어 살펴보면 다음과 같이 정리된다.

구분	이용자	이용 목적
기업 외부	– 주주(투자자) – 금융기관(채권자) – 협력업체 – 고객(소비자) – 과세당국(정부) – 시민단체	배당수익이나 주식 양도차익 목적 자금대여 의사결정, 자금 회수결정 등 납품 의사결정, 자금 결제조건 등 우수한 품질이 보장되는가 적정한 세금을 내고 있는가 기업의 책임을 다하고 있는가
기업 내부	– 경영자 – 종업원 – 노조	기업의 재무상태와 경영성과 점검 업무에 활용, 연봉 협상자료 임금 협상

기업 외부의 이용자들은 다양한 이해관계자만큼 이용 목적이 다 다르다. 마찬가지로 기업 내부의 이용자들 또한 그 이용 목적이 다름을 알 수 있다.

이렇게 의사결정 목적이 상이함에 따라 이들이 재무제표를 분석하는 관점도 다를 수밖에 없다.

재무제표는 쓸모가 많다.

재무제표 지식이
기획서를 돋보이게 한다

"팀장님, 재무제표도 기획서 작성할 때 연관이 있다고 하던데 어떻게 하면 기획을 잘할 수 있죠?"

"그런데 갑자기 웬 기획 타령을 하는 거지?"

"사실은 제 동기 녀석이 자기는 맨날 기획한다고 으스대는 것 같아 저도 경험해 보고 싶어서요."

"왕초보, 지금 자네도 기획을 하고 있지 않나? 어떻게 하면 고객들에게 최선의 서비스를 다할 것인가를 고민하고 좋은 아이디어가 있으면 이를 모아 실행에 옮기고. 결론적으로 말하면 기획이라는 것은 어느 업종 어느 부서를 막론하고 모든 업무와 관련성이 있는 거야. 총무부도 총무기획이 있고 인사부도 인사기획이 있지. 물론 경영기획은 경영 관점에서 기획을 한다는 점에서 다른 기획과 달라 보일지는 모르지만 그 속성은 같다고 봐야 돼."

"아, 하지만 너무 막연합니다. 저는 팀장님이 시킨 일들을 하고 있어 기획하고는 거리가 멀어 보이는데요."

"물론, 그렇게 생각할 수는 있겠지만 왕초보 스스로가 지금의 업무를 좀 더 개선시키고 성과를 내는 방향으로 아이디어를 집합시키다 보면 좋은 기획안을 낼 수 있을 거야. 그게 채택이 되면 결과적으로 회사에 기여하는 게 아닐까?"

회사의 규모나 일의 성격을 떠나 기획을 잘하는 사람들이 앞서 나가는 경우가 많다. 기획은 미래를 내다볼 수 있는 통찰력을 제공해 주기 때문이다.

예를 들어 어떤 회사에서 문화 콘텐츠를 자체 제작해 외부에 공급하는 사업부문에 새롭게 진출하려고 한다고 하자.

새로운 사업부문으로의 진출은 자사의 경험이 부족하기 때문에 위험부담이 높을 수밖에 없다. 따라서 아무런 준비 없이 진출했다가는 실패할 가능성이 높다.

그래서 새로운 분야로 진출하고자 하는 사람이나 기업들은 준비과정을 철저히 가질 필요가 있다. 그래야 시행착오를 최대한 줄일 수 있고 핵심 문제에 집중할 수 있기 때문이다.

이런 관점에서 해당 사업에 대한 사업성 분석을 잘할 필요가 있다.

사업성 분석은 주로 이 사업이 성장 가능성이 있는지, 현재의 경쟁자 또는 잠재적인 경쟁자가 있는지, 상품의 수명은 얼마가 되는지 등에 대한 의사결정으로 각종 정보를 바탕으로 검토해야 할 것이다.

한편 만일 기존에 나와 있는 상품이라면 기존 상품과 차별화된 상품을 개발할 수도 있다. 예를 들어 기존의 상품이 다음과 같은 특징을 보인다고 하자. 즉 기존 상품은 가격도 높고 난이도도 높아 업무활용도 등이 떨어지고 있다.

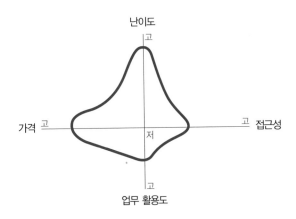

이상의 분석을 통해 수요자들은 지금의 상품보다 훨씬 가격이 저렴하면서도 접근이 쉽고 그리고 업무 활용도가 높은 상품을 원한다고 분석할 수 있다. 따라서 이에 맞는 상품을 개발하여 보급하면 새로운 수요를 창출할 수 있다. 이렇게 다른 컨셉의 상품을 만드는 것도 기획의 범주에 속한다.

그런데 이 같은 상품기획을 할 때에도 재무제표 지식이 필요하다. 사업성 분석은 기업의 보유 자원으로 실행 가능한지와 회사에 이익이 될 것인지를 기준으로 채택 여부가 판가름나는 경우가 많은데 이 과정에서 재무제표 지식이 아주 중요한 구실을 한다.

만일 회사에서 동원할 수 있는 자원이 10인데 100이 필요하다면 실행이 불가능한 사업이다. 또한 사업 내용은 좋지만 이익이 날 것 같지 않은 경우에도 채택되기 어렵다. 아무리 훌륭한 기획이라도 소요되는 재원과 수익성을 생각하지 않을 수 없기 때문이다.

새로운 사업으로 채택되는 기획안은 모두 기업이 감당할 수 있는 범위 내에서 투자할 수 있고, 그 결과 이익이 날 것 같은 경우이다. 기업의 의사결정을 맡고 있는 사람들은 이 부분을 가장 중요시한다.

재무제표를 알면 기획이 술술~

기업 성공에는
재무제표 지식이 필요하다

"휴! 오늘 왕초보와 재무제표를 가지고 많은 얘기를 나눴는데, 앞으로 공부를 더 해야 할 것 같다는 생각을 했어. 그 친구 질문 수준이 보통 아니었어."

이절세 팀장은 아내 야무진에게 왕초보와 있었던 일을 소상히 알렸다.

"잘 생각했어. 기업이든 개인이든 재무제표를 알아야 성공하는 시대가 됐으니 열심히 공부할 수밖에 없겠지? 요즘 신기술을 바탕으로 기업을 하겠다고 나서는 사람들 중 회계와 재무제표를 모르는 사람들도 많은데 그 결과는 안 봐도 뻔할 것 같아."

"······."

이절세는 야무진이 말한 바를 모두 이해할 수 있었다.

기술을 가진 사람은 언젠가 자신의 기술을 바탕으로 사업을 하고 싶어 한다. 구체적으로 자신의 기술을 가지고 벤처기업으로 등록하고 코스닥에 들어가 높은 주가로 투자자금을 끌어오고 싶어 한다. 그렇게 하면 자신의 꿈이 어느 정도 실현될 거라고 생각한다.

하지만 사업화를 진행하면서 곧 그 과정이 녹록지 않음을 느끼게 된다. 그중 가장 난해한 것은 바로 투자자금을 얻기가 매우 힘들다는 것이다. 자신이 보유한 자금이 없다면 필연적으로 정책자금이나 아는 사람들을 통해 자금을 모을 수밖에 없다. 그런데 기술력은 뛰어나도 사업적인 면에서는 아직 검증되지 않아 선뜻 돈을 투자할 사람들이 많지 않은 것이 현실이다. 또한 설사 투자 의욕이 있어도 지분 회수방법 등의 이견으로 논란을 벌이다 유야무야되는 경우도 있다. 투자자 입장에서는 사업성이 불확실하므로 높은 이익배분을 요구하는 것이 당연하다. 그러다 보니 이를 조율하기가 쉽지 않다.

이런 여러 가지 이유로 이공계 출신자가 지인들의 투자자금을 끌어들여 창업하는 것은 매우 힘든 측면이 있다.

그래서 이들은 정부자금을 선호한다. 정부자금에는 무상으로 지원되는 자금도 있고 저렴한 이자율로 지원되는 자금도 있다.

하지만 이 자금을 지원받기 위해서는 본인이 연구 과제를 신청해야하는 등의 절차를 거쳐야 한다. 이때 정책자금을 집행하는 기관에서는 당해 회사의 재무제표를 요구하는 경우도 있다. 빌려 준 돈을 받을 수 있는지를 알아보기 위해서다. 하지만 창업 초기의 재무제표는 초라하기 짝이 없다. 매출보다 지출이 더 많다 보니 대차대조표 등이 부실해 보인다. 그러다 보니 재무 분야에서 낮은 점수를 받을 수밖에 없다.

그런데 우여곡절 끝에 보유기술이 사업화에 성공했다면 이제 회사를 키우고 싶은 마음이 앞서게 된다.

그래서 벤처기업 등록을 하고 코스닥 상장을 생각한다.

먼저 벤처기업 확인을 받아 벤처기업 등록이 되면 창업 및 세제지원, 금융, 판로 및 인력지원 등을 받을 수 있어 사업을 공고히 할 수 있다. 물론 벤처기업 확인을 받기 위해서는 관련법에서 요구하는 기준을 충족해야 한다.

이렇게 벤처기업을 확인받은 후에는 거의 대부분 코스닥을 생각하게 된다. 코스닥(KOSDAQ, Korea Securities Dealers Automated Quotations)은 한국거래소(www.krx.co.kr)가 운영하는 장외주식거래시장으로서 미국의 나스닥(NASDAQ), 일본의 자스닥(JASDAQ)과 같은 시장이라고 할 수 있다. 코스닥은 고부가가치 산업인 지식기반 중소기업이나 벤처기업에게 장기적으로 안정적인 자금원을 제공하기 1996년 7월에 태동했다.

한편 벤처기업 등이 코스닥에 진입하기 위해서는 벤처기업 확인제도처럼 관련법에 따라 코스닥시장 상장요건을 갖추어야 한다. 벤처기업 확인제도는 「벤처기업 육성에 관한 특별조치법」에 따라 마련됐으며, 2006년 6월 4일 이후부터는 기술보증기금이 운영하는 벤처인(www. venturein.or.kr)에서 신청 및 확인 업무가 이루어지고 있다.

그런데 벤처기업 확인을 받거나 코스닥시장 상장을 위한 요건들 중 재무제표와 관련된 항목들이 많다. 예를 들어 코스닥시장 상장요건 중 재무와 관련된 것을 정리하면 다음과 같다(한국거래소 홈페이지 참조).

〈코스닥 상장요건(2019.4.17. 개정규정 기준)〉

구분	일반기업(벤처포함)		기술성장기업*	
	수익성· 매출액 기준	시장평가· 성장성 기준	기술평가 특례	성장성 추천
주식분산 (택일)	① 소액주주 500명&25% 이상, 청구후 공모 5% 이상(소액주주 25% 미만 시 공모 10% 이상) ② 자기자본 500억원 이상, 소액주주 500명 이상, 청구후 공모 10% 이상& 규모별 일정주식 수 이상 ③ 공모 25% 이상&소액주주 500명			
경영성과 및 시장평가 등 (택일)	① 법인세차감전이익 20억원(벤처 10억원)& 시총 90억원 ② 법인세차감전이익 20억원(벤처 10억원)& 자기자본 30억원(벤처 15억원) ③ 법인세차감전이익 있을 것&시총 200억원&매출액 100억원(벤처 50억원) ④ 법인세차감전이익 50억원	① 시총 500억원&매출 30억원 & 최근 2 사업연도 평균 매출증가율 20% 이상 ② 시총 300억원&매출액 100억원이상(벤처 50억원) ③ 시총 500억원&PBR 200% ④ 시총 1,000억원 ⑤ 자기자본 250억 원	① 자기자본 10억원 ② 시가총액 90억원	
			·전문평가기관의 기술 등에 대한 평가를 받고 평가결과가 A등급 이상일 것	·상장주선인이 성장성을 평가하여 추천한 중소기업일 것
감사의견	최근사업연도 적정			
경영 투명성 (지배구조)	사외이사, 상근감사 충족			
기타 요건	주식양도 제한이 없을 것			
질적 요건	기업의 성장성, 계속성 등 종합고려			

* 기술성장기업 : 전문기관 기술평가(복수) 결과 A&BBB등급 이상인 기업

　　이런 관문을 통과하기 위해서는 겉으로 보이는 실적이 매우 중요하다. 이때 실적이 얼마나 되는지를 보여 주는 수단이 바로 회계와 재무제표다. 결국 코스닥 상장을 꿈꾸는 사람이라면 회계와 재무제표를 잘 알아 두어야 한다는 결론이 나온다.

이제 막 회사에 입사한 사원이나 회계에 감이 없는 사원들이 회계공부를 제대로 하기 위해서는 회계원리부터 공부할 필요가 있다. 원래 회계(會計)란 복잡한 기업의 영업활동 과정에서 발생하는 현금이나 상품 그리고 채권과 채무 등의 계속적인 변화를 일정한 원리(복식부기)에 따라 기록, 계산, 정리, 분석하고, 재무상태와 경영성과를 밝히고 이를 근거로 기업경영의 의사 결정에 필요한 계량적인 정보를 제공하는 데 그 목적이 있다. 이러한 회계는 재무회계, 관리회계, 세무회계 등으로 구분할 수 있다.

① 재무회계

이는 주로 외부의 주주나 채권자 등 이해관계자들에게 재무에 관한 정보를 제공하는 역할을 담당한다. 예를 들어 손익계산서를 통해 미래 현금흐름에 관한 정보를 제공하고, 기업 내부적으로는 경영계획과 배당정책을 수립하는 데 중요한 자료로 이용된다. 대차대조표(재무상태표)는 기업의 재무적 유동성 등을 평가하는 데 사용된다. 재무회계는 기업회계기준 등에 의해 통제를 받게 된다.

② 관리회계

이는 경영의 과정에서 각종 의사결정을 내려야 할 때 활용되는 회계를 말한다. 예를 들어 손익실적분석을 통해 경영을 개선시키거나 지점 등의 확장이나 축소를 검토할 때, 신제품에 대한 가격결정 등을 할 때 유용하다. 관리회계는 법이나 기타 기준에 의해 통제를 받지 않는다.

③ 세무회계

세무회계는 주로 기업의 세금을 결정하는 데 필요한 회계를 말한다. 세법은 기업회계기준과 별개로 작동되므로 회계기준에 의해 허용된 것들이라도 세법에서는 인정되지 않는 것들이 많다. 세법은 법규에 해당하므로 이를 준수하지 않으면 가산세 등의 불이익이 뒤따른다.

※ 이 책은 재무회계를 중심으로 하여 관리회계와 세무회계를 동시에 다루고 있다. 회계원리에 대한 기초지식이 약한 독자들은 이 책의 자매서인 『한 권으로 끝내는 회계와 재무제표』(신방수 저)를 통해 관련 지식을 먼저 습득하는 것이 바람직할 것으로 보인다.

2

신입사원 왕초보,
재무제표 원리를 깨치다

재무제표가 뭐예요

재무제표를 알아야 경영도 잘할 수 있고 가정도 잘 꾸릴 수 있다고 한다. 이렇게 보면 국가를 운영하는 대통령도 당연히 재무제표를 잘 알아야 한다. 대통령은 나라의 경영자이기 때문이다.

그렇다면 이렇게 중요한 재무제표는 무엇을 말할까?

재무제표는 한마디로 기업이 얼마의 돈으로 얼마의 이익을 얻었는지를 모든 사람들이 알 수 있도록 만든, 돈과 관련된 여러 가지 표를 말한다. 재무제표에는 대차대조표(재무상태표로도 불린다), 손익계산서, 현금흐름표, 이익잉여금 처분계산서 등이 있다.

대차대조표 일정시점의 재무상태를 나타내는 표를 말한다.
손익계산서 일정기간의 경영성과를 나타내는 표를 말한다.
현금흐름표 현금의 조달과 사용에 관한 정보를 담고 있다.

이익잉여금 처분계산서 이익잉여금의 원천과 처분내역을 담고 있다.

자본변동표 자본변동에 관한 정보를 담고 있다.

대차대조표는 기업이 보유한 자산과 부채를 파악하게 해 준다. 사업 밑천이 얼마인지도 금방 알 수 있다. 예를 들어 보유한 현금이 1억 원이고 부채가 없다면 1억 원을 밑천으로 삼아 사업을 시작할 수 있다.

| 자산(현금)
1억 원 | 부채 |
| | 자본 1억 원 |

이렇게 기초에 투자된 자본을 가지고 사업을 시작해 매출을 일으키게 된다. 하지만 매출을 달성하는 데는 필연적으로 들어가는 비용이 발생한다. 따라서 이익을 측정하려면 매출에서 비용을 정확히 차감해야 하는데 이런 내용을 담고 있는 것이 바로 손익계산서다. 예를 들어 앞의 자본으로 매출 1억 원에 비용이 5,000만 원 발생했다면 다음과 같이 이익을 계산할 수 있다.

| 비용 5,000만 원 | 매출 1억 원 |
| 이익 5,000만 원 | |

기업은 모두 보유자산을 가지고 더 많은 이익과 매출을 달성하기 위

해 밤낮으로 노력한다. 특히 매출 달성 노력은 눈물겹다. 매출이 많아야 급여 등의 각종 비용을 지급할 수 있고 이익을 내 회사가 성장할 수 있기 때문이다.

이익잉여금 처분계산서는 이렇게 벌어들인 이익과 지금까지 남아있는 잉여금이 얼마이고 어떻게 사용되는지를 나타내는 표를 말한다. 예를 들어 앞의 이익 5,000만 원 중 2,000만 원이 주주에게 배당됐다면 그 내역은 다음과 같이 표시될 것이다.

| 잉여금 재원
| 당기순이익 5,000만 원 | 잉여금 처분
| 배당 2,000만 원 |
| | 미처분 잉여금 3,000만 원 |

잉여금 처분계산서 상에 남아 있는 재원(미처분 잉여금 등)은 모두 기업의 성장에 필요한 자금인 동시에 주주들에게 배당할 수 있는 돈이기도 한다. 따라서 좋은 회사는 잉여금이 회사 내 수북이 쌓여 있다고 해도 과언이 아니다. 그렇게 되면 주식도 비싸게 되고 그로 인해 많은 부를 거머쥘 수 있다.

실무적으로 대차대조표, 손익계산서, 이익잉여금 처분계산서 정도면 대략적이나마 기업의 모습을 그릴 수 있다. 그러나 이것만으로는 인체의 혈액에 비유되는 기업의 현금흐름을 분석할 수 없다.

그래서 그 점을 보완하기 위해 현금흐름표가 재무제표에 추가됐다. 이 표는 기초 현금과 기말 현금의 증감원인을 분석하는 표를 말한다.

주로 경영활동, 투자활동, 재무활동으로 나뉘 현금흐름을 분석해 현금 흐름의 양질을 따지는 것이 주요 임무다. 예를 들어 기초 현금은 0원이 었으나 기말에 현금 1억 원이 있었다면 기중(사업연도 중) 현금의 증감 내용을 다음과 같은 구조로 분석하게 된다(자세한 것은 87쪽 참조).

기초	기중	기말
현금 보유액 ×××	현금의 증감 ×××	현금 보유액 ×××

┌ 영업활동에 의한 현금흐름
├ 투자활동에 의한 현금흐름
└ 재무활동에 의한 현금흐름

Tip 자본변동표의 구조

자본변동표는 자본금, 자본잉여금, 자본조정, 기타 포괄 손익누계액, 이익잉여금(또는 결손금)의 각 항목별로 기초잔액, 변동사항, 기말잔액을 표시하도록 하고 있다.

〈자본변동표〉

구분	자본금	자본잉여금	자본조정	기타 포괄 손익누계액	이익잉여금	총계
20××(보고금액)	×××	×××	×××	×××	×××	×××
연차배당					(××)	(××)
처분 후 이익잉여금					×××	×××
유상증자(감자)						
⋮						
⋮						
20××(보고금액)	×××	×××	×××	×××	×××	×××

일반적으로 재무제표는 회계기준에 따라 작성된다. 현재 우리나라의 회계기준은 다음과 같은 세 가지 형태로 적용되고 있다.

① **상장기업** : 한국채택국제회계기준(K-IFRS)
② **비상장기업 중 외감법 적용대상 기업** : 일반기업회계기준
③ **비상장기업 중 외감법 적용대상이 아닌 중소기업** : 중소기업회계기준(위 ②와 그 내용이 거의 같음)

참고로 이 책은 위의 회계기준에 대한 세부적인 내용을 다루는 것이 아니라, 회계와 재무제표에 대한 아주 기본적이고 공통적인 내용을 재무회계와 원가회계, 세무회계 등의 관점에서 다루고 있다. 따라서 각 회계기준의 세부적인 내용(계정과목 포함) 등에 대해서는 별도로 공부할 필요가 있다.

우리 기업의 재무제표는
이렇게 작성하면 되죠?

재무제표의
작성원리는 뭐예요

"팀장님, 재무제표를 이해하더라도 작성법을 모르면 아무 소용이 없잖아요. 활용도 할 수 없고."

"당연하지. 그런데 왜 그런 말을 하지?"

"선배들이 재무제표 작성법부터 이해하라고 해서요. 특히 경리나 재무관리부서에 있는 분들이 그러더라고요."

"맞아. 재무제표 작성법을 이해하지 못하면 재무제표를 읽을 수 없고 업무에 활용할 수도 없어. 또 회계오류를 찾아낼 수도 없고."

많은 사람들이 재무제표가 어떻게 만들어지는지도 모르면서 재무제표를 분석하거나 업무에 활용하려고 한다. 당장 열매만 따먹으려고 하기 때문이다. 하지만 기본을 모르고 성급하게 결론만 얻으려고 하면 문제가 생기고 만다. 실무적으로 재무제표가 만들어지는 과정을 모르면 업무에 이용하는 데는 한계가 있다.

예를 들어 회계조작이 있었다고 하자. 그런 상황에서 재무분석을 실시했다면 결과는 어떨까? 더 나아가 그런 분석 자료를 바탕으로 투자를 하거나 자금을 빌려 주는 의사결정을 내렸다면 그 결과는 또 어떨까?

오래 생각하지 않더라도 엄청난 파장을 불러일으킬 수 있음을 알 수 있을 것이다. 그래서 과거에 이런 상황에서 투자자들의 주식이 순식간에 휴지조각으로 변하는 경우도 있었고, 자금을 빌려 준 은행이 휘청대는 경우도 있었다.

모두가 재무제표가 만들어지는 과정을 모르고 있었고 그 결과 회계조작이 있었는지를 식별해 낼 수 있는 능력이 떨어졌기 때문이다.

그래서 재무제표를 분석하거나 업무에 활용하고자 한다면 반드시 재무제표를 작성하는 과정을 이해할 필요가 있다.

예를 들어 다음과 같은 거래가 있었다고 하자.
- OO월 OO일 자본금 납입 : 50,000,000원
- OO월 OO일 비품 구입 : 10,000,000원
- OO월 OO일 인건비 지급 : 1,000,000원
- OO월 OO일 용역제공 수수료 입금 : 10,000,000원

이러한 거래들은 어떻게 정리해야 기업의 이해관계자들이 가장 잘 이해할 수 있을까?

먼저, 기초자원부터 파악해 보자.

이 기업은 자본 5,000만 원을 투입해 그중 1,000만 원으로 비품인 자산을 구입했다. 왼쪽의 자산란과 오른쪽의 부채와 자본란의 금액이 일치되고 있다.

자산 현금 4,000만 원 비품 1,000만 원	부채
	자본 자본금 5,000만 원
자산 계 5,000만 원	부채와 자본 계 5,000만 원

둘째, 기초자원을 활용해 얻은 성과를 파악해 보자.

이 기업은 위의 자원을 투입해 다음과 같은 성과를 냈다.

수익(수수료 수입) 10,000,000원

－비용(인건비 지급) 1,000,000원

＝이익 9,000,000원

다만, 이 결과에는 투입된 자원의 하나인 비품에 대한 사용대가가 들어가지 않았다. 따라서 사업활동에 사용된 비품의 일부도 비용으로 넣어야 한다. 만일 비품의 수명기간이 5년이고 해마다 똑같은 금액이 사용됐다면 한 해에 비용으로 처리할 수 있는 금액은 200만 원(1,000만 원/5년)이 된다. 이런 과정에 대해 '감가상각'이라는 용어를 사용한다. 이렇게 비용처리를 하게 되면 위의 이익은 다음과 같이 변한다.

〈손익계산서〉

수익	10,000,000원
비용	3,000,000원
│ 인건비	1,000,000원
│ 비품 사용대가	2,000,000원
이익	7,000,000원

셋째, 이렇게 사업을 진행한 후에 기말의 자원상태를 파악해 보자.

이익이 700만 원 늘어났는데 밖으로 유출되지 않는 한 이는 자본항목인 이익잉여금으로 처리된다. 이렇게 되면 부채와 자본의 합계인 총자본은 5,700만 원이 된다. 그렇다면 자산은 어떻게 구성될까?

	부채
자산 │ 현금 4,000만 원 │ 비품 1,000만 원	**자본** │ 자본금 5,000만 원 │ 이익잉여금 700만 원
자산 계 5,000만 원	부채와 자본 계 5,700만 원

회계원리 상 대차대조표의 왼쪽(차변) 난과 오른쪽(대변) 난의 금액은 일치돼야 한다. 그런데 위의 대차대조표의 차변은 5,000만 원으로 대변에 비해 700만 원 차이가 난다. 그렇다면 자산은 어떻게 구성돼야 차변과 대변이 일치될까? 이를 분석해 보면 먼저 현금이라는 자산이

다음과 같이 증가했음을 알 수 있다.

현금의 증가 = 수입(수수료) 10,000,000원 − 지출(인건비) 1,000,000원

= 9,000,000원

다음으로 비품자산이 일부 사용되고 남은 가치는 다음과 같이 변했다.

비품의 잔존가치 = 취득가액 10,000,000원 − 사용한 가치 2,000,000원

= 8,000,000원

따라서 이들을 반영한 자산의 내용은 다음과 같이 변한다.

〈대차대조표〉

자산 현금　　　　4,900만 원 비품 1,000만 원 　　(200만 원)　800만 원	부채 자본 　자본금 5,000만 원 　이익잉여금 700만 원
자산 계 5,700만 원	부채와 자본 계 5,700만 원

이렇게 앞의 거래들을 기초로 대차대조표와 손익계산서가 만들어지는 것이다.

한편 현금흐름표는 기초의 현금과 기말의 현금을 활동별로 구분해 정보를 제공한다. 대개 현금흐름은 영업활동, 투자활동, 재무활동별로

유입액과 유출액을 파악할 수 있다.

〈현금흐름표〉

(단위 : 원)

| 구분 | 기초잔액 | 기중 | | 기말잔액 |
		현금유입	현금유출	
영업활동	0	10,000,000 (수수료 입금)	1,000,000 (인건비 지급)	9,000,000
투자활동	0		10,000,000 (비품 구입)	-10,000,000
재무활동	0	50,000,000 (자본금 납입)		50,000,000
계	0	60,000,000	11,000,000	49,000,000*

* 대차대조표 상의 기말 현금잔액과 일치한다.

위 사례의 경우, 회사 설립 당시에는 보유한 현금이 없었으나 기말에는 4,900만 원의 현금을 보유하고 있다. 설립 이후 자본금이 들어오고 비품을 구입하는 투자활동으로 자금이 유출되고, 영업활동으로 수수료가 입금되고 인건비가 지급됐음을 이 표를 통해 알 수 있다.

이렇게 항목별로 현금흐름을 세분화시키면 어떤 활동으로 현금의 유출입이 있었는지 대차대조표 등에서 알 수 없는 정보를 알 수 있다.

꼭 회계원리를 알아야 하나요

"저 같은 신입사원들은 재무제표를 분석하고 이를 활용하려면 갖추어야 할 것들이 참 많은 것 같습니다. 회계도 알아야 하고 재무제표가 어떻게 만들어지는지도 알아야 하고."

"당연하지."

"그렇다면 초보자들이 재무제표를 잘 활용하기 위해서는 어떤 것부터 시작해야 할까요?"

"그야 자네가 말한 그대로 회계도 알고 재무제표가 어떻게 만들어지는지도 알아야 하지. 이때 회계와 재무제표 간의 연결고리를 찾는 것이 중요해. 그리고 대차대조표와 손익계산서 등 재무제표를 잘 이해해야겠지. 그렇게 해야 재무제표 간의 분석도 잘할 수 있고 또 경영에 활용할 수도 있을 거야."

이절세 팀장은 모든 일에서 가장 중요한 것은 기본이라는 생각에 그동안 공부해 왔던 회계원리에 대해 설명을 시작했다.

우리는 앞에서 몇 개의 거래가 대차대조표나 손익계산서 등으로 변하는 모습을 보았다.

그렇다면 그 거래와 재무제표 간에는 어떤 관계가 있기에 그렇게 변했을까? 일단 모든 회계상의 거래는 대차대조표 항목(자산, 부채, 자본) 및 손익계산서 항목(수익, 비용)과 관계있다. 예를 들어 앞에서 본 거래들을 다시 한 번 살펴보자.

① ○○월 ○○일 자본금 납입 : 50,000,000원

이 거래로 인해 대차대조표 왼쪽의 자산항목인 현금이 기업에 들어온 동시에 대차대조표 오른쪽 자본항목의 자본금이 들어왔다. 이를 회계적으로 정리(이를 회계처리한다 또는 분개한다고 한다)하면 다음과 같이 표현할 수 있다.

(차변) 현금 50,000,000　　(대변) 자본금 50,000,000

〈회계처리 분석〉

앞의 회계처리를 분석하면 다음과 같다.

(① 차변)　② 현금　③ 50,000,000 / (① 대변)　② 자본금　③ 50,000,000

① 차변과 대변

차변은 왼쪽에 대변은 오른쪽에 위치하도록 약속돼 있다. 영어 어원으로 차

변은 'Debit'으로 돈을 빌린 사람, 대변은 'Credit'으로 돈을 빌려 준 사람을 뜻한다. 즉 대변의 어느 과목으로 돈을 빌려와 차변으로 어느 과목으로 사용되는지를 알 수 있다.

② 현금 또는 자본금

현금 또는 자본금을 계정과목이라 한다. 회계에서는 손익계산서 항목(수익과 비용)과 대차대조표 항목(자산, 부채 및 자본)을 서로 구분하고 있다. 이렇게 계정구분을 해야 손익계산서 항목은 손익계산서로 보낼 수 있고, 대차대조표 항목은 대차대조표로 보낼 수 있기 때문이다. 이는 거래의 8요소와 관계가 있는데, 이에 대한 자세한 내용은 이 책의 자매서인 『한 권으로 끝내는 회계와 재무제표』를 참조하기 바란다.

③ 금액

이 금액이 손익계산서 등 재무제표에 반영된다. 참고로 회계처리를 할 때에는 차변과 대변의 금액이 일치하게끔 돼 있다.

② ○○월 ○○일 비품 구입 : 10,000,000원

이 거래에서 비품이라는 자산이 증가했고 현금이라는 자산이 밖으로 유출됐음을 알 수 있다. 이를 회계처리하면 다음과 같다.

(차변) 비품 10,000,000   (대변) 현금 10,000,000

③ ○○월 ○○일 인건비 지급 : 1,000,000원

이 거래는 손익계산서상의 비용인 인건비가 발생한 동시에 현금이라는 자산이 지출됐음을 알려 주고 있다.

(차변) 인건비 1,000,000   (대변) 현금 1,000,000

④ ○○월 ○○일 용역제공 수수료 입금 : 10,000,000원

용역제공을 통해 현금이라는 자산이 유입됐고 동시에 수익(매출)이 발생했다. 이를 회계처리하면 다음과 같다.

(차변) 현금 10,000,000   (대변) 매출 10,000,000

그런데 왜 회계처리를 할 때 자본금이나 인건비 등의 항목이 오른쪽에 오거나 왼쪽에 오는 것일까?

그 이유는 이렇게 약속하면 재무제표를 편리하게 작성할 수 있기 때문이다. 물론 이런 회계처리 없이도 대차대조표와 손익계산서 등을 만들 수가 있다. 거래정보가 몇 개 안 되면 재무상태 정보와 손익정보를 금방 알 수 있고 그 정보들을 해당 양식에 넣기만 하면 되기 때문이다.

그러나 아무리 작은 기업이라고 해도 1년 동안에 생기는 회계상 거래들은 어마어마하다. 그런데 이렇게 많은 회계거래들을 앞과 같은 방식으로 재무제표를 만든다고 생각해 보자. 아마 그것을 작성하는 데 많은 시간과 돈이 들어갈 수밖에 없을 것이다.

그래서 예로부터 기업회계에서는 회계상의 거래들을 대차대조표 또는 손익계산서 항목으로 나눠 회계처리 하는 방법을 고수하고 있다. 이렇게 회계처리가 되면 같은 계정과목별로 거래정보가 모이고 이 계정과목별 정보들을 각각의 재무제표 양식에 뿌려주기만 하면 되기 때문이다.

예를 들어 앞의 자본금 5,000만 원은 다음과 같이 대차대조표에 영향을 주게 된다.

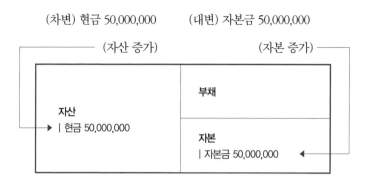

(차변) 현금 50,000,000　　　(대변) 자본금 50,000,000

마찬가지로 앞의 인건비는 손익계산서와 대차대조표에 각각 영향을 준다.

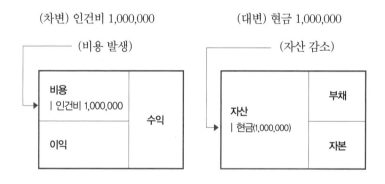

(차변) 인건비 1,000,000　　　(대변) 현금 1,000,000

재무제표가 복잡해 보이는
이유는 뭐예요

수치로 표현할 수 있는 모든 거래는 다 회계처리를 할 수 있다. 어차피 기업회계는 기업의 자산이 증감하면 그 사실을 숫자로 표현할 수밖에 없다. 이때 동원되는 수단이 바로 회계처리인 셈이다.

회계처리는 차변 및 대변의 계정과목과 금액을 각각 정하는 것을 말하는데 여기서 중요한 것은 계정과목을 정확히 아는 것이다.

그러면 어떻게 하면 이런 계정과목을 쉽게 구분할 수 있을까?

이 문제가 신입사원이나 이공계 출신자들을 혼란에 빠뜨리곤 한다. 용어 자체도 생소하거니와 각 계정과목이 뜻하고 있는 바를 알기가 힘들기 때문이다. 그래서 이를 극복하려면 먼저 대차대조표 구조와 손익계산서 구조를 확실히 이해할 필요가 있다.

먼저 대차대조표를 보자.

자산	부채
Ⅰ. 유동자산	Ⅰ. 유동부채
1. 당좌자산	1. 외상매입금
현금	2. 예수금
매출채권	3. 단기차입금
(대손충당금)	Ⅱ. 비유동부채
2. 재고자산	1. 장기차입금
상품	2. 퇴직급여충당금
Ⅱ. 비유동자산	자본
1. 투자자산	Ⅰ. 자본금
장기금융상품	Ⅱ. 자본잉여금
2. 유형자산	1. 주식발행 과금
비품	2. 감자차익
(감가상각누계액)	Ⅲ. 자본조정
기계장치	1. 주식발행할인차금
3. 무형자산	Ⅳ. 기타 포괄 손익누계액
영업권	1. 매도가능증권평가손익
4. 기타 비유동자산	Ⅴ. 이익잉여금
장기성매출채권	1. 법정적립금
임차보증금	2. 차기이월이익잉여금(당기순이익 포함)

위 대차대조표를 보면 차변에는 자산이 오고 대변에는 부채와 자본이 오고 있다. 대차대조표 원리상 차변의 계와 대변의 계는 일치한다. 그런데 자산을 보면 크게 유동자산과 비유동자산(종전 고정자산)으로 분류가 되고, 유동자산은 다시 당좌자산과 재고자산으로 나누어진다. 그리고 당좌자산은 현금이나 매출채권 등으로 다시 나눠진다. 비유동자산은 크게 투자자산, 유형자산, 무형자산, 기타 비유동자산으로 나누어지고 유동자산과 마찬가지로 다시 세부적으로 계정과목이 분화한다.

한편 부채도 자산과 같은 방식으로 계정과목이 나눠지고 있다.

이외 자본은 자본의 성격에 따라 자본금, 자본잉여금, 이익잉여금 등으로 계정과목이 분류되고 있다.

　그렇다면 왜 이렇게 복잡하게 계정과목을 나눌까? 그냥 단순하게 자산과 부채가 얼마라고만 하면 안 될까?

　이에 대한 답은 정보의 유용성에서 찾을 수 있다. 구체적으로 보면 각 기업에는 다양한 이해관계자가 있다. 주주, 채권자, 과세당국, 종업원 등등.

　그런데 이런 이해관계자들은 재무제표를 다각도로 분석하여 투자할 것인지, 대출금을 회수할 것인지 등을 결정해야 한다. 그런데 재무제표상에 나타난 정보가 단순하게 표시되었다면 회사로 가서 장부를 뒤져 보기 전까지는 도저히 어떤 의사결정도 할 수 없을 것이다.

　따라서 이렇게 계정과목을 복잡하게 나누는 이유는 기업의 이해관계자들에게 유용한 정보를 제공하기 위한 것임을 알 수 있다.

　이런 관점에서 현행 기업회계기준에서는 자산이 현금화 속도가 빠른지 그렇지 않는지에 따라 유동자산인가 비유동자산인가를 결정한다. 구체적으로 대차대조표일(통상 12월 31일)로부터 1년 이내의 현금화가 가능한 자산을 유동자산, 그렇지 않는 자산을 비유동자산으로 구분한다. 한편 유동자산은 당좌자산과 재고자산으로 구분하는데, 당좌자산은 주로 현금 및 현금성 자산(만기가 3개월 내로 도래하는 채권, 상환우선주, MMF 등)을 말하고 재고자산은 판매를 목적으로 보유하고 있는 자산을 말한다.

　이렇게 계정과목을 체계적으로 분류하여 각 기업의 이해관계자들에게 재무제표를 제공하면 그들은 추가적인 노력 없이 해당정보를 쉽게 파악할 수 있게 된다.

다음으로 손익계산서 구조를 세부적으로 보자.

구분	금액
매출액	
매출원가 　기초제품재고액 　당기제품제조원가 　기말재고액	
매출 총이익	
판매관리비 　인건비 　복리후생비 　접대비 　차량유지비 　감가상각비 　통신비 　지급임차료 　잡비	
영업이익	
영업외수익 　유형자산처분이익 　이자수익 　잡이익	
영업외비용 　유형자산처분손실 　이자비용 　잡손실	
법인세차감전이익	

손익계산서는 위와 같은 형태로 표현할 수 있다. 이 손익계산서도 대차대조표처럼 계정과목이 복잡하다. 하지만 이것도 나름대로 체계적인 방법에 의해 계정과목이 분류되고 있다. 예를 들어 매출원가는

매출액을 달성하는 데 직접적으로 들어간 비용으로서 대개 팔린 물건의 공장원가를 말한다. 물론 매출원가를 따지는 방법은 기초에 남아 있는 재고와 당해연도에 생산된 원가의 합계액에서 기말에 남아 있는 재고액을 빼면 당해연도에 팔린 원가(=매출원가)가 나온다. 한편 판매관리비는 매출을 달성할 때 들어간 부대비용을 말한다. 매출을 달성하기 위해서는 영업직이나 일반직이 필요하고 그러다 보면 여러 가지 비용(인건비나 복리후생비 등)이 발생한다. 따라서 이렇게 비용을 여러 가지 항목으로 쪼개면 이 기업은 ○○용도로 얼마를 썼는지를 알 수 있게 된다. 이외에 영업외수익이나 영업외비용은 주요 영업활동이 아닌 곳에서 발생하는 수익이나 비용을 처리하는 계정과목에 해당한다.

실무적으로 계정과목은 규모가 큰 기업일수록 복잡한 양상을 띠고 있다. 규모가 클수록 거래가 다양하게 발생하기 때문이다. 다만, 이렇게 복잡하더라도 각 계정과목들은 앞의 기본구조를 벗어나지 않는다. 예를 들면 앞의 자산 중 당좌자산의 세부항목에는 현금이나 예금, 외상매출금, 받을 어음, 단기대여금 등 수많은 계정과목이 고구마 줄기에 고구마 달리듯 주렁주렁 달려 있을 뿐이다.

따라서 사회 초년생들이나 이공계 출신자 또는 회계를 좀 더 이해하고자 하는 사람들은 기본구조를 먼저 이해하고 세부적인 계정과목을 익히면 업무에 많은 도움이 될 것으로 보인다(이에 대해서는 이 책의 자매서인 『한 권으로 끝내는 회계와 재무제표』 참조).

가짜 거래가 기업을
좀먹는 이유는 뭐예요

"팀장님, 이 기업의 재무제표 좀 보십시오. 이익은 굉장히 많아졌는데 영업으로 벌어들인 현금흐름은 매우 좋지 않네요."

"어, 그래? 그러면 외상매출금을 살펴봐. 외상매출금도 많이 증가했을 거야."

왕초보는 이절세 팀장이 얘기한 대로 외상매출금이 작년에 비해 많이 증가했음을 알 수 있었다.

"정말 그렇군요. 그래도 매출이 많이 늘어났으니까 이 회사는 높은 점수를 줘야겠네요?"

"이봐, 왕초보, 그런 말이 어디 있어? 내 말이 무슨 뜻인지 오늘 중 검토해서 보고하도록 해!"

왕초보는 이절세 팀장이 한 말뜻을 도무지 이해하지 못했다. 그는 하는 수 없이 어느 기업체에서 경리업무를 보고 있는 동생 왕경리에게 자초지종 얘기를 하기 시작했다.

"사랑스런 동생아, 돈은 조금 뒤에 받더라도 매출이 증가하면 그 기업 장사를 잘한다고 할 수 있지 않냐?"

"물론 그렇지. 진짜 거래를 했다면 말이야."

"뭐? 그럼 가짜 거래도 있단 말이야?"

"그래! 어떤 기업들은 자기 회사 실적 부풀리려고 갖은 방법을 동원하지."

기업을 분석할 때 매출 규모와 수익성 평가는 매우 중요한 항목이다. 우선 매출이 많이 발생하면 기업이 성장할 가능성이 높다는 것이며, 이익이 많으면 기업이 안정성이 있다고 보여지기 때문이다.

따라서 기업 경영자들은 매출을 늘리는 동시에 이익을 늘리고 싶은 욕구가 늘 있게 마련이다. 그렇게 해야 자신의 몸값이 올라가고 더 많은 보상을 누릴 수 있다.

그런데 매출을 인위적으로 만드는 경우가 있다. 이에는 허위로 매출을 계상하는 가공매출과 다음연도에 해당하는 매출을 올해로 끊는 유형 등이 있다.

여기서 가공매출은 전형적인 회계조작에 해당한다. 예를 들어 다음과 같이 가공매출에 대한 회계처리를 했다고 하자.

(차변) 외상매출금 1,000,000,000   (대변) 매출 1,000,000,000

차변에는 자산이 10억 원 증가했고 대변에는 수익이 10억 원 증가했다. 알다시피 자산은 대차대조표, 수익은 손익계산서에 해당하는 항목이다. 이렇게 가공매출이 일어나면 대차대조표와 손익계산서가 외견상 매우 좋아진다. 실제 경영자들은 이런 식의 재무제표를 선호해 가공매출 유혹에 빠져드는 경우가 종종 있다.

다음 유형인 수익의 조기 인식문제를 보자.

만일 어떤 기업의 올해 실적이 수익 10억 원, 비용 11억 원으로 손실 1억 원이 예상된다고 하자.

이런 상황에서 경영자는 손실을 내지 않으려는 충동을 느끼게 된다. 그래서 울며 겨자 먹기로 다음연도에 해당하는 매출을 올해의 것으로 인식하고 싶어 한다. 예를 들어 매출 2억 원을 올해의 것으로 앞당겨 인식하면 다음과 같이 수익성이 개선된다.

(단위 : 억 원)

구분	종전	변경
수익	10	12
비용	11	11
이익	- 1	1

그렇다면 회계기준이나 세법에서는 이렇게 처리하는 것을 허용할까?

회계기준이나 세법 모두 이를 용납하지 않는다. 회계기준 등에서는 매출을 어느 기간에 처리할 것인지에 대해 아주 자세히 정하고 있다. 그래야 당기 경영성과를 올바르게 처리할 수 있기 때문이다. 예를 들면 회계기준에서는 수익을 인식하는 기준으로 다음과 같은 실무지침을 두고 있다. 세법의 내용도 회계기준과 대부분 일치하고 있다.

구분	재화의 판매	용역의 판매
원칙	- 재화의 인도시점에서 수익인식	진행률에 따라 수익인식
예외	- 할부판매 : 재화의 인도기준 - 위탁판매 : 수탁자가 제3자에게 판매한 시점	- 기업 컨설팅 : 정액법, 작업시간, 작업일자 기준 - 수강료: 강의기간 동안 발생기준 - 주문개발 소프트웨어 : 진행률

한편 1년 단위의 손익을 결정할 때 비용을 어떻게 인식할 것인지도 고려할 필요가 있다. 비용은 당해연도 경비로 지출된 것들은 제대로 정리하면 문제가 없으나, 비용을 다음 사업연도로 이연하거나 허위거래에 의한 가공매입 등에 대해서는 조심할 필요가 있다.

이 중 가공매입은 회사의 근간을 무너뜨릴 수 있는 아주 안 좋은 행위가 된다. 그렇다면 왜 가공매입이 일어나는가? 이는 주로 세금을 덜 내기 위해서다. 예를 들어 어떤 기업이 5억 원의 이익을 냈다. 이런 상황에서 매입자료 2억 원을 받았다면 다음과 같이 세금이 줄어든다.

구분	당초	가공자료 매입 후
이익	5억 원	3억 원
세금(법인세)	8,000만 원 [=2억 원×10% + (5억 원 - 2억 원)×20%]	4,000만 원 [=2억 원×10% + (3억 원 - 2억 원)×20%]

그렇다면 이런 가공매입에 대해 어떤 불이익이 있을까? 이에 대해서

는 세법이 강력하게 규제한다. 이 사실이 밝혀진다면 본세와 가산세가 추징되고 조세범처벌법을 적용받을 수 있다.

신입사원 등이 기본적으로 알아야 할 세법지식들을 살펴보면 다음과 같다.

① 우리 기업은 어떤 세금을 내는가?

아래 세금 중 부가가치세와 법인세(개인은 종합소득세) 제도가 기업세금의 핵심이 된다.

구분	세 목	신고대상자	신고·납부기한	신고할 내용
매월	원천징수	원천징수 의무사업자	매월 10일	매월 급여 등에 대해 원천징수한 세액
	개별소비세	개별소비세 과세사업자	매월 말일까지	1개월간의 개별소비세 과세대상품목
	4대 보험	일정한 사업자	고지서로 납부(국민연금·건강보험금은 매월 10일 납부)	국민연금 등
분기	부가가치세	일반 및 간이 과세자	• 법인 : 예정신고 포함 4회 • 개인사업자 : 확정신고 2회 (간이과세자는 1회)	해당기간의 매출세액-매입세액(간이과세자는 공급대가×부가가치율×10%)
연단위	사업장 현황신고	부가가치세 면세사업자 (의원, 학원 등)	다음 해 2월 10일	면세매출액과 사업장 현황, 기타 경비
	법인세	모든 법인	통상 다음 해 3.1~3.31 (중간예납 8.31)	1사업연도의 사업실적
	종합소득세	모든 개인사업자	다음 해 5.1~5.31 (중간예납 11.30)	1.1~12.31까지의 사업실적

② 어떤 증빙을 받아야 하는가?

법인이나 개인사업자가 사업과 관련하여 사업자로부터 재화 또는 용역을 공급받고 그 대가를 지출하는 경우에는 다음 중 하나를 수취해야 한다. 이러한 영수증을 적격(정규 또는 법정)영수증이라고 한다. 만일 이를 위배한 경우에는 증빙불비가산세(2%)를 부과한다.

- **세금계산서**

  세금계산서란 사업자가 재화나 용역을 공급할 때에 부가가치세를 거래징수하고 이를 증명하기 위하여 공급받는 자에게 교부하는 증빙서류이다.

- **계산서**

  계산서는 부가가치세 면세사업자(면세품목을 취급하는 사업자)가 발행하는 영수증이다. 부가가치세가 면세되므로 공급가액만 기재된다.

- **신용카드매출전표(현금영수증 포함)**

  신용카드매출전표(월별이용대금명세서 포함)는 대금의 수수에 관한 영수증에 불과하지만, 과세자료로 활용이 가능하므로 정규영수증의 하나로 인정하는 것이다. 이에는 현금영수증도 포함된다.

  참고로 입금표와 거래명세표, 간이영수증, 금전등록기 등은 세법상 정규영수증이 아니다. 다만, 간이영수증은 거래금액이 3만 원(접대비는 1만 원) 이하인 경우에는 가산세를 부과하지 않는다.

③ 직무에 따른 세금관리법은?

세금계산서를 발행하거나 수취하는 부서, 직원들의 급여를 다루고 있는 부서, 부동산을 사고파는 부서, 주주 등 특수관계자와의 거래를 관리하는 부서, 외국의 법인 등과 거래를 하는 부서 등의 업무는 세무위험도가 매우 크다. 따라서 이러한 부서에 근무하는 경우에는 사전에 이에 대한 관리지침이 있어야 한다.

예를 들어 영업부의 경우 고객에게 세금계산서를 어떻게 교부하는 것이 세법상 문제가 없는지를 미리 알아 두어야 한다. 또 총무부의 경우 기업의 부동산을 구입할 때 파생하는 세금 문제에는 어떤 것들이 있는지를 사전에 검토해야 한다.

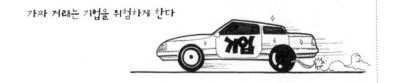

가짜 거래는 기업을 위험하게 한다

3

신입사원 왕초보,
재무제표를 보고 기업을 평가하다

재무제표를 읽는다는 것은
무슨 의미인가

"팀장님, 재무제표를 읽는다는 건 무엇을 의미하나요?"

재무제표 구조를 파악한 왕초보가 자신 있는 어조로 질문한다.

"어, 그건 재무제표에 나오는 숫자들을 보고 여러 각도에서 분석해 보고 이것저것 따져 보는 것을 말해. 경영자들은 재무제표를 보고 경영상의 문제점들을 발견하고 그 대책을 마련하지. 직원들은 재무제표를 바탕으로 업무를 추진하고."

"팀장님, 좀 더 구체적으로 설명해 주세요."

많은 사람들이 재무제표를 읽고 싶어 한다. 그래야 기업을 이해할 수 있고 남들보다 앞서 나갈 수 있다는 식의 얘기를 많이 들었기 때문이다. 실제 각 회사의 팀장급 이상 되는 사람들이 재무제표를 모르면 일하기가 힘든 것이 요즘의 현실이다.

그렇다면 재무제표에서 무엇을 어떻게 읽어야 할까?

우선, 재무제표를 읽고자 하는 사람들은 각각의 재무제표를 정확히 이해할 필요가 있다.

앞에서 보았듯이 재무제표의 종류에는 대차대조표, 손익계산서, 현금흐름표 등이 있다. 이러한 재무제표는 외부나 내부의 이해관계자들에게 각각 정보를 제공하는 것을 목적으로 작성된다.

예를 들어 대차대조표는 일정 시점에 기업의 재무상태를 나타내고, 손익계산서는 일정 기간의 경영성과를 나타내며, 현금흐름표는 일정 기간의 현금의 증감내역에 대한 정보를 제공한다. 따라서 재무제표를 읽고자 한다면 우선 이러한 재무제표 각각을 제대로 읽을 수 있어야 한다. 이 부분을 읽을 수 없다면 재무제표 간의 비율분석 등은 의미가 없을 수 있기 때문이다.

참고로 재무제표가 작성되는 원리를 이해하면 한층 더 재무제표 분석을 쉽게 할 수 있다. 재무제표는 서로 연결되어 있는데, 이에 대한 원리를 알고 있으면 회계처리에서 오류가 발생하더라도 각각의 재무제표에 어떤 영향을 주는지를 분석할 수 있기 때문이다. 이러한 관점은 회계조작이 횡행하는 현실에서 더욱더 요구된다.

다음으로 재무제표 간의 관계에 대해 이해할 필요가 있다.

앞에서 본 재무제표들은 따로따로 노는 것이 아니라 한 몸을 이루고 있다. 즉 재무제표들이 서로 연결돼 있다는 것이다. 다음의 그림을 보자.

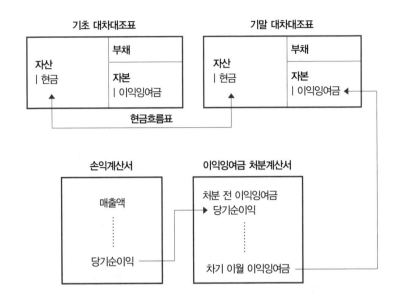

이 그림은 각 재무제표들이 서로 연결돼 있음을 나타내고 있다. 구체적으로 이에 대한 내용을 분석해 보자.

우선, 각 기업은 기초자원을 활용해 경영을 하고 결과를 얻는다. 여기서의 결과는 손익계산서 상의 당기순이익으로 나타난다. 그런데 이 순이익은 주주들에게 배당돼 외부로 유출되거나 그렇지 않으면 사내에 남게 된다. 이때 사내에 남는 금액은 이익잉여금 처분계산서 상의 차기 이월 이익잉여금으로 측정되고 이 금액이 바로 기말 대차대조표에서 자본의 한 항목인 이익잉여금을 형성하게 된다. 이처럼 대차대조표와 손익계산서 그리고 이익잉여금 처분계산서는 서로 연결돼 있다.

한편 현금흐름표는 기초 현금과 기말 현금의 증감내역을 표시하는 재무제표로서 이것도 다른 재무제표인 대차대조표와 연결돼 있다.

이처럼 기업의 각 재무제표들은 서로 영향을 주면서 기업에 관한 재무정보를 다양하게 제공하고 있다.

따라서 재무제표를 읽을 때는 이러한 재무제표 간의 관계를 잘 파악하는 것도 매우 중요하다.

마지막으로 재무제표 비율분석에 대해 이해할 필요가 있다.

원래 재무제표를 읽는다는 것은 재무제표 상의 숫자의 의미를 아는 것이라고 할 수 있다. 예를 들면 대차대조표 상 자산이 얼마고 부채가 얼마인지, 손익계산서에서는 이익이 얼마가 되는지 등이 그렇다.

그런데 재무제표가 담고 있는 정보들은 표면상 나타난 것들보다는 훨씬 그 범위가 넓다. 재무제표 상의 각 항목들이 다른 항목과 결합할 때 다양한 정보가 파생되기 때문이다. 예를 들어 손익계산서 상의 매출액과 대차대조표 상의 총자본 등의 항목을 결합해 자산의 활동성을 측정할 수 있다. 마찬가지로 같은 손익계산서 상의 항목 간(예: 매출액과 이익을 가지고 수익성을 분석)에도 다양한 정보를 추출해 낼 수 있다.

그래서 요즈음 재무제표를 읽는다는 의미는 각 재무제표 간의 항목들을 결합해 정보를 생산하는 것을 말한다고 해도 틀리지 않다. 이에 대한 자세한 내용은 96쪽 이후에서 살펴보기로 하자.

재무제표를 읽으면
기업의 체질을 알 수 있다

"많은 샐러리맨들이 자기 회사가 건강한가에 대해 걱정을 많이 합니다. 회사가 잘 돌아가야 일하기가 편하기 때문이죠."

왕초보가 이절세 팀장에게 말을 꺼냈다.

"그렇지. 회사가 안정돼야 개인도 안정되겠지. 회사가 불안하면 개인은 얼마나 불안할까?"

"팀장님, 그렇다면 회사가 건강하다는 것은 어떻게 알 수 있죠?"

"그야 재무제표를 보고 분석할 수밖에 없겠지."

대부분의 기업들은 회계기준과 세법의 내용에 맞춰 재무제표를 작성하고 있다. 그런데 이러한 재무제표를 잘 보면 그 기업이 병들어 있는지 성장하고 있는지 진단할 수 있다. 기업의 체질을 알 수 있다는 뜻이다. 다음의 사례로 건강하지 못한 기업과 건강한 기업의 재무제표를 살펴보자.

① 건강하지 못한 기업

OO기업은 최근 3년간 적자를 기록했다. 다만, 초기에는 적자폭이 크지 않았으나 최근 연도에는 수익성이 크게 악화돼 적자폭이 크게 늘어났다. 자본은 잠식상태로 돌아섰고 자재비나 인건비 등을 지급하기가 벅찬 실정이다.

대차대조표			손익계산서		현금흐름표	
자산	부채		수익		영업활동	△
			비용		투자활동	
	자본	△	손익	△	재무활동	

건강하지 못한 기업은 대차대조표 상 자본이 잠식(△)되거나 당초보다 축소되고, 부채비율이 상당히 높다. 또한 손익계산서 상의 손익은 마이너스(△)로 표시되는 경우가 많다. 또한 현금흐름 측면에서 보면 영업활동으로 인한 현금흐름이 마이너스(△)가 돼 있을 가능성이 높다.

② 건강한 기업

OO기업은 최근 수년간 지속적으로 매출을 신장시키고 있으며, 손익상태도 매우 양호하다. 또한 영업활동으로 인한 현금유입이 많아 금융자산 등에 투자하고 있다.

대차대조표			손익계산서		현금흐름표	
자산	부채		수익		영업활동	+
			비용		투자활동	
	자본	+	손익	+	재무활동	

건강한 기업은 대차대조표 상 자본이 당초보다 늘어나 있다. 이때 늘어난 자본항목은 주로 이익잉여금(당기순이익 중 사내에 유보된 금액)이 된다. 늘어난 자본은 현금으로 보유되거나 다른 자산에 투자된다.

또 부채는 종전보다 축소되거나 적어도 그 기업이 감당할 수 있는 범위 내에서 적정한 부채비율을 유지한다.

한편 손익계산서 상의 손익은 이익으로 표시(+)되며, 현금흐름 측면에서 보면 영업활동으로 인한 현금흐름이 플러스(+)가 된다.

건강하지 못한 기업과 건강한 기업은 위와 같이 세 가지 재무제표만을 가지고도 단순하게 비교할 수 있다.

하지만 겉으로 건강하게 보이는 기업도 어느 날 갑자기 건강을 잃는 경우가 있다. 자산과 부채 그리고 손익에서는 양호한 것으로 파악되더라도, 현금흐름이 불량한 경우가 이런 유형에 속한다. 이런 기업의 재무제표는 다음과 같은 특징을 하고 있다.

대차대조표			손익계산서		현금흐름표	
자산	부채		수익		영업활동	△
			비용		투자활동	
	자본	+	손익	+	재무활동	

대차대조표와 손익계산서는 건강한 모습을 하고 있지만, 현금흐름이 좋지 못한 경우이다.

결국 기업을 건강하게 가꾸고자 하는 경영자나 실무자들은 위의 세 가지 측면에서 재무제표를 상시적으로 관리하는 것이 좋다. 연말에 가서 하는 분석은 시기적으로 늦다. 따라서 평소에 주기적으로 분석하고 대책을 마련하는 것이 건강한 기업을 만드는 지름길이다.

현금이 어디로 흘러가는지 추적하고 있습니다. 오버!

대차대조표는
기업가치를 알려 준다

"대차대조표 상 자본이 양호해야 일단 건강하다는 것을 알았습니다. 그렇다면 구체적으로 이를 확인하려면 어떻게 해야 하나요?"

"왕초보! 일단 대차대조표를 자세히 뜯어보자. 그렇게 되면 대차대조표가 훤히 들어오고 여러 가지 것들을 알 수가 있을 거야. 특히 기업가치가 얼마인지도 알 수도 있고."

"기업가치라구요?"

왕초보는 대차대조표를 보고 기업가치를 파악할 수 있다는 이절세 팀장의 말이 매우 흥미롭게 와 닿았다.

재무제표에서 대차대조표는 일정 시점에 각 기업이 보유하고 있는 자산과 지급할 의무가 있는 부채 등의 내용을 파악할 수 있게 해 준다. 따라서 자산에서 부채를 차감하면 순자산, 즉 자본을 파악할 수 있다.

역시 우량한 회사들은 이 자산에서 부채를 차감한 자본이 매우 크다. 물론 자본은 자본금, 자본잉여금, 이익잉여금 등으로 구성되는데 기업가치가 높은 기업은 이익잉여금이 많거나 앞으로 현금을 많이 창출할 수 있는 기업이라 할 수 있다.

대차대조표를 읽을 때는 기업가치를 올릴 수 있도록 자산 및 부채항목들이 효율적으로 운영되는 방법을 찾아야 한다. 대차대조표 항목들은 기업가치와 직결되기 때문에 평소에 이를 잘 관리하는 것이 필요하다.

다음(76쪽) 표에서 차변의 자산 계와 대변의 부채와 자본의 합계액이 5,280만 원으로 같다. 다시 한 번 강조하지만 회계원리상 차변과 대변이 일치하도록 돼 있다.

자산은 대부분 유동자산 중 당좌자산에 치중돼 있는 것을 알 수 있다. 부채는 외상매입금 등 유동부채가 250만 원 정도 있고 나머지는 자기자본인 자본금으로 채워져 있다.

한편 자본항목의 이익잉여금 257,100원은 당기순이익 중 처분되지 않고 사내에 남아 있는 금액을 말한다.

대차대조표 항목을 하나하나 자세히 읽어 보면 다양한 정보를 얻을 수 있다. 다만, 실무자들은 기업가치 제고를 위해 다음과 같이 좀 더 세부적으로 각 항목을 점검해야 한다. 자산항목을 중점적으로 보면 다음과 같다.

① 당좌자산 : 매출채권 중에 불량채권은 얼마인가? 시세가 하락한 유가증권은?

그중 매출채권 문제에 대해서만 짚어 보자.

구분			계정과목명	금액
자산	유동자산	당좌자산	현금	4,100,000
			보통예금	43,500,000
			부가세 대급금	700,000
			계	48,300,000
		재고자산	상품	500,000
		유동자산 계		48,800,000
	비유동자산	투자자산	장기금융상품	0
		유형자산	비품	5,000,000
			감가상각누계액	(1,000,000)
			계	4,000,000
		무형자산	영업권 등	0
		비유동자산 계		4,000,000
자산 계				52,800,000
부채	유동부채		외상매입금	2,200,000
			부가세예수금	300,000
			미지급 세금	42,900
			유동부채 계	2,542,900
	비유동부채		장기차입금 등	0
	부채 계			2,542,900
자본	자본금			50,000,000
	자본잉여금			0
	이익잉여금		처분전 이익잉여금 당기순이익 (당기 : 257,100원 전기 : 0원)	257,100
	자본 계			50,257,100
부채와 자본 계				52,800,000

기업의 매출채권은 오래될수록 불량채권일 가능성이 높다. 기업은 매출을 일으키기 위해 자재비나 인건비 등 각종 경비를 투입한다. 그런데 매출대금을 회수하지 못하면 그만큼 기업은 힘들어진다. 따라서 매출채권이 불량화되지 않도록 평소에 관리할 필요가 있다.

예를 들어 다음과 같은 식으로 매출채권을 관리하면 정상적인 채권과 비정상적인 채권을 구별할 수 있다. 물론 비정상적인 채권에 대해서는 여러 가지 수단(예: 법적인 조치)을 동원해 해결방안을 모색할 필요가 있다.

구분	당월(M) 전			당월(M)	계
	전전전월(M-3)	전전월(M-2)	전월(M-1)		
외상매출금					
받을어음					
계					

〈기타 당좌자산 점검할 사항〉

- 매출채권에 대한 대손충당금은 적절히 계상했는가?
- 당좌자산 중 즉시 현금화가 어려운 자산은 얼마인가?

② 재고자산 : 재고부담은 없는가? 재고자산 중 시장가치가 없는 재고자산은?

제조기업이나 상품을 도소매하는 기업에서 재고가 차지하는 비중은 매우 크다. 따라서 사업연도 중에는 적정재고를 유지하는 한편, 상품

가치가 훼손되지 않도록 노력할 필요가 있다. 특히 필요 이상의 재고를 안고 있으면 상품가치가 떨어질 뿐만 아니라 불필요하게 재고에 돈이 잠기게 된다. 그렇게 되면 자금회전이 잘 안 돼 곳곳에서 문제점이 파생될 가능성이 있다. 따라서 재고가 필연적으로 나타나는 업종을 영위하는 기업들은 재고관리를 철저히 할 필요가 있다.

〈매출원가 산정방법과 재고자산의 평가방법〉

보유한 재고자산 중 팔린 것은 손익계산서 상의 매출원가로 변한다. 이 매출원가는 다음과 같이 계산된다.

기초재고액(전년도 결산이 완료돼 이미 결정된 금액)
+ 당기매입액(당기에 매입 시 이미 결정된 금액)
- 기말재고액(미확정 금액)
= 매출원가

그런데 이 계산구조를 보면 기말재고자산을 어떻게 평가하느냐에 따라 대차대조표(재고자산항목)와 손익계산서(매출원가항목)의 내용이 달라짐을 알 수 있다. 예를 들어 기말재고액이 크게 평가되면 손익계산서 상 매출원가는 줄어들고 그 대신 자산(재고자산)은 커진다.

현행 회계기준에서는 개별법, 선입선출법, 후입선출법, 총 평균법 등으로 기말재고자산을 평가하도록 하고 있다. 여기서 개별법은 물건별로 원가를 내는 방법을 말한다. 또 선입선출법(후입선출법)은 먼저(나중에) 입고된 것이 먼저 팔렸다고 보아 원가를 내는 방법을 말한다. 총 평균법은 원가를 평균해서 구하는 방법이다(이에 대한 내용은 이 책의 자매서인 『한 권으로 끝내는 회계와 재무제표』 참조).

---

③ 투자자산 : 가격이 하락할 위험이 있는 자산은?

기업도 개인처럼 주식이나 기타 부동산에 투자할 수 있다. 그런데 투자자산이 시가가 하락하면 기업가치도 하락한다. 따라서 가격이 하락할 위험이 있는 자산에 대해서는 매각 등의 결정을 내릴 필요가 있다.

④ 유형자산 : 지나친 설비가 문제되지 않는가?

공장을 보유한 제조기업은 늘 설비문제로 고민한다. 예를 들어 설비가 노후화되면 새로운 설비로 교체해야 하고, 신제품 개발을 위해 새로운 설비를 들여올 때도 막대한 자금이 들어가게 된다.

그런데 만일 설비투자가 잘못됐다면 어떻게 될 것인가? 깊이 생각하지 않아도 그 영향을 쉽게 가늠할 수 있을 것이다.

〈기타 유형자산 점검사항 〉

- 유휴설비나 불용자산은 없는가?
- 감가상각비는 적정하게 계상됐는가?

---

⑤ 무형자산 : 무형자산으로 올릴 수 있는 성격인가?

무형자산은 눈에 보이지 않는 자산을 말한다. 즉 무형자산은 대개 영업권이나 특허권, 개발비 등과 같이 수익을 창출하는 데 기여하는 자산을 말한다. 그런데 이러한 무형자산은 기계장치 등 유형자산처럼 똑같이 상각할 수 있다. 예를 들어 어떤 기업이 연구개발비로 1억 원을 투입했는데 이를 무형자산으로 처리하고 5년간 균등액으로 상각한다면, 다음과 같이 재무제표에 표시된다.

대차대조표	손익계산서
자산 丨무형자산 100,000,000 　　　　(20,000,000)　80,000,000	판매관리비 丨무형자산상각비 20,000,000

다만 이 연구개발비가 비용에 해당한다면 다음과 같이 판매관리비로 전액 회계처리가 돼야 할 것이다.

대차대조표	손익계산서
자산 丨무형자산 0	판매관리비 丨연구개발비 100,000,000

이처럼 회계처리를 어떻게 하느냐에 따라 재무상태와 당기의 경영성과가 확 달라진다. 그래서 회계기준에서는 기업이 자의적으로 개발비를 자산으로 처리하지 못하도록 하는 규정(일반기업회계기준 제11장 참조)을 두고 있다.

Tip　부채항목과 자본항목 읽기

대차대조표 상 부채항목과 자본항목을 읽어 보자.

〈부채항목〉

부채는 크게 유동부채와 비유동부채로 분류된다. 이러한 부채에서는 다음과 같은 항목에 관심을 두어야 한다.

– 우리 회사가 갚아야 하는 부채규모는 얼마인가?

– 부채상환 스케줄은 어떻게 되는가?

– 악성부채는 얼마인가?

부채항목은 주로 부채규모, 상환기간, 부채의 질을 평가하는 것이 급선무다. 이때 부채가 증가하는 이유와 이를 감당할 능력이 있는지를 점검해야 한다. 또한 부채 중에서 이자율이 높은 부채가 있다면 이를 조기에 상환하거나 대체할 수 있는 수단을 찾아야 한다.

〈자본항목〉

자본항목은 크게 자본금, 자본잉여금, 자본조정, 기타 포괄 손익누계액, 이익잉여금으로 구분된다. 이런 자본항목에서는 대해서는 다음과 같은 점에 유의해야 한다.

– 자본항목은 어떻게 구성되는가?

– 자본금과 배당의 관계는?

– 이익잉여금은 얼마인가?

– 당기순이익은 어떻게 파악하는가?

자본항목은 자산에서 부채를 차감한 결과와 일치한다. 자본금은 주주들이 납입한 액면금액이고 자본잉여금은 유상증자 등 자본활동으로 생기는 잉여금을 말한다. 이 잉여금은 자본활동으로 생겼기 때문에 배당자원으로 사용할 수 없다. 이익잉여금은 영업활동을 통해 벌어들인 당기순이익을 말한다. 이 금액은 배당 등으로 처분할 수 있는 재원에 해당한다.

손익계산서 상의
이익을 쪼개는 이유는 무엇인가

"재무제표의 하나인 대차대조표만을 읽는 데도 숨이 차네요. 좀 쉬었다 하면 안 되겠습니까?"

왕초보는 대차대조표를 읽는 것이 매우 힘들었다.

"초보 씨. 이 세상에 공짜가 없다는 것 알지? 지식도 그렇고 업무능력도 그렇고 이 모든 것이 어느 날 갑자기 형성되는 것은 아니지. 비가 오나 눈이 오나 똑같은 마음으로 연마해야 나중에 자유자재로 활용할 수 있게 되는 거야."

"맞습니다. 팀장님의 조언 감사하게 생각합니다. 그 다음 제가 알아야 할 것은 어떤 것이죠?"

"자, 옜다. 손익계산서다."

손익계산서를 분석해 보자. 손익계산서는 일정 기간의 경영성과를 나타내는 표를 말한다. 이 표를 통해 한 해 동안 영업해서 벌어들인 이익을 알 수 있다. 이익에 관한 정보는 다양한 목적으로 사용되는 만큼 이익이 어떻게 계산되는지는 알고 있어야 한다. 손익계산서의 형식은 다음과 같다.

(단위 : 원)

구분		금액
매출액	상품매출	3,000,000
- 매출원가		1,500,000
	기초 상품재고액 당기 상품매입액 (기말 상품재고액)	
= 매출총이익		1,500,000
- 판매관리비		1,200,000
	복리후생비 감가상각비	
= 영업이익		300,000
+ 영업외수익	이자수익 등	0
- 영업외비용	이자비용 등	0
= 법인세비용차감전이익		300,000
- 법인세 등		42,900
= 당기순이익		257,100

* 2007년부터는 손익계산서 상에 특별손익을 표시할 수 없다.

이런 손익계산서를 읽을 때는 다음과 같은 점에 주목할 필요가 있다.

첫째, 우리 회사는 얼마를 팔아 얼마를 남겼을까?
우선 얼마를 팔았는지 보려면 매출액을 보면 되고, 이익은 당기순이익을 보면 된다. 이 표를 통해 당기의 매출액은 3,000,000원이며 당기 순이익은 257,100원임을 알 수 있다.

한편 위의 손익계산서를 보면 이익을 여러 개로 나누고 있는데, 왜 이렇게 이익을 쪼개는지 알아보자.

〈이익의 구분〉

손익계산서를 보면 이익을 여러 단계로 구분해 놓은 걸 알 수 있다. 이렇게 이익을 구분하는 이유는 이들이 제공하는 정보가 다 다르기 때문이다. 예를 들어 매출총이익은 매출액과 매출원가만으로 산정하기 때문에 매출원가의 중요성을 일러 준다. 영업이익은 매출총이익에서 판매관리비를 차감한 것으로 주요 영업활동의 이익 수준을 가늠할 수 있는 정보를 제공해준다.

그 밖에 법인세비용차감전순이익은 주요 영업활동 외의 이익까지도 포괄하는 개념이다. 당연히 법인세비용차감전순이익보다 영업이익이 더 많아야 탄탄한 회사라 할 수 있다. 당기순이익은 당기에 벌어들인 최종 이익으로서 이 이익은 외부 주주들의 몫이라 할 수 있다.

둘째, 매출액은 계획대로 달성했는가?

매출액은 기업에서 제일 중요한 계정과목이다. 따라서 이를 얼마나 효율적으로 달성했는가를 여러 각도에서 검증할 필요가 있다. 특히 연초에 세웠던 매출계획과 차이가 나는지 비교분석해 보고 차이가 난 이유를 밝혀 볼 필요가 있다(252쪽 참조).

셋째, 매출원가가 상승한 이유는 무엇인가?

매출원가가 하락할 때보다 상승할 때 더욱 관심을 기울여야 한다. 매출원가 비율이 상승한다는 것은 그만큼 수익이 낮아지는 것을 의미하기 때문이다. 따라서 경영자나 실무자들은 매출원가의 동향에 대해 수시로 점검할 필요가 있다.

넷째, 영업이익이 감소한 이유는 무엇인가?

영업이익은 주요 영업활동의 결과에 의해 나온 것인 만큼 영업이익의 감소는 곧 수익성의 악화를 의미한다. 따라서 영업이익이 줄어든 이유를 명확히 규명할 필요가 있다. 만일 매출부진으로 인해 영업이익이 줄어들었다면 판매관리비를 줄이거나 매출을 늘리는 활동에 즉각 돌입해야 할 것이다.

〈비용은 어떻게 계상될까〉

우선 앞 표의 비용들은 각 비용과목에 따라 장부에 올리는 방법이 다르다. 예를 들어 복리후생비 등 현금을 지출할 때 발생하는 비용들은 발생했을 때 장부에 올린다. 하지만 매출원가나 감가상각비 등은 현금이 지출될 때 비용으로 처리하지 못하고 결산 때 비용 처리를 하게 된다. 이들은 복리후생비 등과는 달리 지출 때 비용으로 확정되지 않기 때문이다. 매출원가는 기초재고와 당기매입액에서 기말재고액을 차감해서 계산하며, 감가상각비는 감가상각 기간이나 감가상각 방법을 결정해야 비용 처리를 할 수 있다.

다섯째, 우리 회사의 이익은 적정한가?

기업에게 손익계산서 상의 이익 개념은 매우 중요하다. 이익이 많아야 기업이 성장하고 유지되기 때문이다. 따라서 재무제표를 읽는 사람들은 전년보다 이익이 축소되지 않았는지 자산에 비해 이익이 작지 않은지 등 이익과 관련된 부분을 심도 있게 분석할 필요가 있다.

단, 여기서 말하는 손익계산서 상의 이익은 현금이익이 아님을 이해할 필요가 있다. 손익계산서 상의 이익은 현금 유출입과 관계없이 기업회계기준 상의 수익과 비용인식기준에 해당하기만 하면 이에 맞게 회계 처리를 해서 이익을 산출하기 때문에 현금상의 이익과는 다른 개념이 된다.

그 밖에도 당기순이익의 크기를 결정하는 세금을 이해할 필요가 있다. 예를 들어 법인기업에 적용되는 법인세율은 10~25%인데 법인의 이익에 이 세율이 적용되면 가처분소득이 줄어들 수밖에 없다. 따라서 미리 절세 대책을 마련하는 것도 현금흐름 측면에서 바람직하다.

Tip 　**당기순이익과 현금이익이 차이가 나는 이유**

많은 경영자들이 회계상 당기순이익이 현금으로 남은 이익이라고 생각한다. 하지만 당기순이익은 현금의 입출금과 관계없이 수익이나 비용이 발생하는 시점에 이를 장부에 올려 계산한다. 예를 들어 올해 말에 외상으로 매출한 경우 매출이 발생했으므로 돈의 입금과는 관계없이 올해의 매출로 인식한다. 비용의 경우도 올해 지급할 의무가 확정되었다면 돈의 지급 여부와 관계없이 올해의 비용으로 장부에 올린다.

따라서 이런 이유로 회계상의 당기순이익은 현금의 유출입이 있는 것을 기준으로 하는 현금상의 이익과 일치하지 않는다.

현금흐름표에서 영업 현금흐름을
중요시하는 이유는 무엇인가

왕초보는 대차대조표와 손익계산서를 읽어보고는 어느 정도 재무제표에 대한 감을 잡을 수 있었다.

'아, 이제 하산 준비를 슬슬 해 볼까?'

그런데 그동안 공부를 많이 해 왔다고 생각하던 왕초보에게 예기치 않은 질문 하나가 던져졌다.

"왕초보 씨. 지금 무슨 생각을 하고 있어? 혹 재무제표 공부를 다했다고 생각하나? 그래서 하산을 하겠다고?"

"아, 아닙니다. 그런데 어떻게 제 생각을 그렇게 잘 알고 계시나요?"

왕초보는 귀신같이 자신의 속마음을 꿰고 있는 이절세 팀장이 신기하기까지 했다.

"음, 나도 초보 씨처럼 그렇게 생각했을 때가 있지. 하지만 여기서 더 나가야 할 것들이 많아. 당장 현금흐름표도 알아봐야 하고……."

현금흐름표는 사업연도 중의 현금흐름을 영업활동, 투자활동, 재무활동으로 나눠 현금흐름을 분석하는 표를 말한다.

실무적으로는 이러한 활동 중 영업활동에 의한 현금흐름을 제대로 파악하는 것이 매우 중요하다. 영업활동으로 인한 현금흐름이 양호해야 기업이 제대로 운영되기 때문이다.

다음의 현금흐름표에서는 어떤 것을 중점적으로 읽어야 하는지 보자. 이 기업의 기초현금은 '0원'이며 사업연도 중 현금유입액과 유출액을 정리한 결과 기말현금은 4,760만 원임을 나타내고 있다. 이를 활동별로 요약하면 다음과 같다.

기초현금	0원
Ⅰ. 영업활동으로 인한 현금흐름 :	2,600,000원
Ⅱ. 투자활동으로 인한 현금흐름 :	– 5,000,000원
Ⅲ. 재무활동으로 인한 현금흐름 :	50,000,000원
기말현금	47,600,000원

그런데 앞에서 영업활동으로 인한 현금흐름은 두 가지 방법(직접법*, 간접법)으로 구할 수 있다. 다만, 실무에서는 다음(90쪽)과 같이 당기순이익에서 출발하는 간접법을 사용하고 있다.

*직접법은 현금유입액을 원천별(예: 매출로부터의 유입액)로, 현금유출액은 용도별(예: 매입 및 종업원에 대한 유출액)로 나타내는 방법이다. 현금 변동내용을 잘 파악할 수 있으나 작성하는 것이 까다롭다.

구체적으로 어떻게 연결되었는지 살펴보자.

(단위 : 원)

과목	제1(당)기	
	금액	
I. 영업활동으로 인한 현금흐름		2,600,000
1. 당기순이익	257,100	
2. 현금유출이 없는 비용 등의 가산	1,000,000	
감가상각비	1,000,000	
기타		
3. 현금유입이 없는 수익 등의 차감	0	
유가증권평가이익		
기타		
4. 영업활동으로 인한 자산·부채의 변동	1,342,900	
상품의 증가	- 500,000	
제품의 감소(증가)		
매출채권의 감소(증가)		
가지급금의 감소(증가)		
부가세대급금의 증가	- 700,000	
매입채무의 증가	2,200,000	
부가세 예수금의 증가	300,000	
미지급 세금의 증가	42,900	
기타		
II. 투자활동으로 인한 현금흐름		- 5,000,000
1. 투자활동으로 인한 현금유입액	0	
건물의 처분		
기타		
2. 투자활동으로 인한 현금유출액	5,000,000	
유가증권의 취득		
공기구·비품의 취득	5,000,000	
기타		
III. 재무활동으로 인한 현금흐름		50,000,000
1. 재무활동으로 인한 현금유입액	50,000,000	
주식의 발행	50,000,000	
2. 재무활동으로 인한 현금유출액		
단기차입금의 상환		
기타		
IV. 현금의 증가(감소)(I + II + III)		47,600,000
V. 기초현금		0
VI. 기말현금		47,600,000

당기순이익 : 257,100원

+ 현금유출이 없는 비용 : 1,000,000원(감가상각비)

- 현금유입이 없는 수익 : 0원

±영업활동으로 인한 자산·부채의 변동 : 1,342,900원(상품 감소, 매입채무 증가)

= 영업활동으로 인한 현금흐름 : 2,600,000원

이 원리는 수익에서 비용을 차감한 이익이 기업에 현금으로 유입됐다는 사고에 기초한 것이다. 수익은 현금유입 요소이고 비용은 현금유출 요소이므로 이 둘을 합한 결과는 순현금흐름으로 나타난다는 것이다.

하지만 비용 중 일부는 현금지출과 관계없는 것(예 : 감가상각비, 대손상각비 등)도 있고, 수익 중 일부는 현금유입과 관계가 없는 것(예 : 평가이익 등)이 있다. 따라서 이러한 현금흐름과 관계없는 수익과 비용들은 순현금이라고 가정된 당기순이익에서 조정될 필요가 있다.

한편, 대표적인 수익계정인 매출은 당해연도에 모두 입금이 됐다고 가정했지만 현실적으로 연도 말에 외상매출금이 남아 있을 수 있다. 물론 전기에 남아 있는 외상매출금이 올해 안에 입금될 수 있다. 따라서 영업활동과 관계있는 자산(매출채권 등)·부채(매입채무 등)의 변동분을 반영해야 정확한 영업현금흐름이 나온다. 이런 자산·부채의 변동은 기초 대비 기말에 얼마나 증감됐는지를 기준으로 파악한다.

* 외감법상 회계감사를 받지 않는 중소기업은 현금흐름표를 작성하지 않아도 된다. 작성방법이 까다로워 중소기업회계기준에서는 이 표를 재무제표에서 제외하였기 때문이다. 참고로 독자들도 이 부분을 건너뛰어도 큰 문제는 없다.

이익잉여금 처분계산서를 보면
배당과 사내 유보액을 알 수 있다

"팀장님, 기업이 열심히 일을 해 번 이익은 궁극적으로 주주들에게 배당되거나 회사에 남아 있지 않습니까? 그런데 이런 과정은 이익잉여금 처분계산서로 파악한다고 하는데 구체적으로 설명 좀 해 주세요."

왕초보는 지금까지 대차대조표와 손익계산서 위주로 공부를 해 왔기 때문에 이러한 유형의 재무제표에 대해서는 감이 없었다.

"좋았어. 잘 설명할 테니 기대하라고."

기업은 영리추구를 목적으로 한다. 이익을 내 직원들에게 월급을 주고 주주들에게 배당금을 지급하고 재투자를 한다. 그런데 기업 이익을 둘러싸고 외부 주주들과 경영자 간에 다툼이 발생할 수 있다. 외부 주주는 더 많은 배당금을 받으려 하고 경영자는 기업에 재투자해 기업을 성장시켜 자신의 몸값을 높이려고 하기 때문이다. 이익잉여금 처분계

산서는 이익잉여금의 재원이 어떤 것이고 어떻게 처분됐는지를 알려
주는 표이다.

이익잉여금 처분계산서의 양식을 보고 이를 읽어 보자.

(단위 : 원)

과목	제1(당)기	
	금액	
I. 처분전 이익잉여금		257,100
1. 전기 이월 이익잉여금		
2. 회계 변경의 누적효과		
3. 전기 오류 수정이익·손실		
4. 당기순이익	257,100	
II. 임의적립금 등의 이입액		0
1.		
2.		
합계		257,100
III. 이익잉여금 처분액		
1. 이익준비금		
2. 기업 합리화 적립금		
3. 배당금		
가. 현금배당		
나. 주식배당		
4.		
IV. 차기 이월 이익잉여금		257,100

표를 보면 처분전 이익잉여금이 257,100원이다. 그리고 이 금액은
배당 등으로 처분됨이 없이 그대로 차기로 넘어가고 있음을 보여 준다.

이하에서는 이익잉여금 처분계산서가 어떤 정보를 포함하고 있는지
알아보자.

첫째, 이익잉여금 처분계산서의 원리를 이해해 보자.

주식회사는 이익을 벌어들이면 이 금액을 일정 절차에 따라 주주들에게 배당하거나 사내에 적립하게 된다. 이익잉여금 처분계산서는 이러한 과정을 나타내는 표로서 다음과 같은 원리를 갖는다.

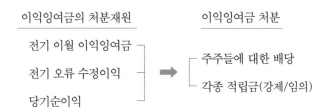

둘째, 이익잉여금의 처분재원을 좀 더 구체적으로 보자.

앞의 이익잉여금 처분계산서를 보면 처분전 이익잉여금과 임의적립금 등의 이입액이 이익잉여금의 처분재원에 해당한다. 이들이 어떤 항목의 성격으로 구성돼 있는지 살펴보면 다음과 같다.

〈처분전 이익잉여금〉

전기 이월 이익잉여금 전기의 미처분잉여금을 말한다.

회계 변경의 누적효과 회계처리 방법의 변경으로 인해 발생한 전기 잉여금의 수정금액을 말한다.

전기 오류 수정이익·손실 전기의 오류 중에서 중대한 오류로 인해 발생한 금액을 말한다.

당기순이익 당기에 발생한 회계 상의 순이익을 말한다.

〈임의적립금 등의 이입액〉

각 기업이 임의로 적립해 둔 돈은 당기로 전입(이입)하여 이익잉여금의 처분재원으로 사용할 수 있다.

셋째, 이익잉여금의 처분방식을 보자.

앞의 단계에서처럼 이익잉여금의 처분재원을 마련했다면 이 금액을 가지고 배당이나 다른 용도로 처분할 수 있다. 다만, 이익잉여금을 처분할 때는 법적으로 적립해야 하는 것들이 있다. 대표적인 것으로 현금배당을 할 때 이익준비금(상법상 현금배당액의 1/10 이상을 적립)이 이에 해당한다.

이렇게 처분재원에서 실제 처분된 금액을 차감하면 미처분 잉여금이 나오는데 이 금액이 바로 차기 이월 이익잉여금에 해당한다. 이 금액은 대차대조표 상 자본항목의 하나인 이익잉여금으로 표시된다.

Tip 결손이 난 회사의 결손금처리계산서

결손이 난 회사는 이익잉여금 처분계산서 대신 결손금처리계산서가 있다. 이 결손금이 커지면 회사의 대차대조표는 부실하게 되고 그 결과 기업가치는 하락할 수밖에 없다. 따라서 결손이 난 회사는 이 결손금을 없애기 위해 이익을 늘리는 활동에 치중해야 할 것이다.

한편 기업회계기준에서는 이익잉여금 중 '임의적립금 → 기타 법정적립금 → 이익준비금' 순으로 결손금을 보전하고, 이를 다 사용한 경우 자본잉여금을 결손금 보전에 사용할 수 있도록 하고 있다.

이익잉여금은 기업의 영업활동인 손익거래에서 발생한 이익 중 배당금으로 사외에 유출되거나 자본금계정으로 전입되지 않고 사내에 유보된 금액을 말한다. 현실적으로 이 항목이 클수록 기업가치가 높은 기업으로 평가받는다. 예를 들어 다음과 같은 두 기업의 자본항목을 보자.

A기업	B기업
자본 　자본금 10억 원 　자본잉여금 10억 원 　이익잉여금 0원 　자본 계 20억 원	자본 　자본금 10억 원 　자본잉여금 5억 원 　이익잉여금 5억 원 　자본 계 20억 원

이 두 기업의 주식 중 어떤 기업의 주식이 더 가치가 있을까? 다른 요인들은 무시하고 이 표에서 나타난 결과를 보면 A기업은 자본잉여금이 10억 원이고 이익잉여금은 0원이나, B기업은 자본잉여금과 이익잉여금이 각각 5억 원이다. 따라서 이런 상황에서 증자하게 되면 B기업의 발행가액이 더 클 수 있다. B기업의 이익잉여금에 대해 증자에 참여한 주주들이 배당받을 권리가 있다면 주식가치가 더 높을 수밖에 없기 때문이다.

따라서 기업가치를 올리기 위해서는 이익잉여금을 키워 자본항목을 늘릴 필요가 있다. 일반적으로 이익잉여금은 당기순이익에서 오는 것인 만큼 매출을 크게 올리는 것과 밀접한 관계가 있다.

왕초보,
드디어 재무제표 분석의 길로 들어서다

"초보 씨, 이제부터 본격적으로 재무제표 분석을 해 볼 거야. 그러니 정신 바짝 차리라고."

"아니, 팀장님. 지금까지 재무제표 배우는 것도 힘들었는데 재무제표 분석을 하니 조금 벅차다는 생각이 듭니다."

왕초보는 지금까지 어렵게 회계와 재무제표를 공부해 왔다. 하지만 재무제표 분석이라는 얘기를 듣자마자 왠지 모르게 힘이 들지도 모를 거라는 생각이 퍼뜩 들었다.

"초보 씨, 재무제표 분석은 아무것도 아니야. 회계를 알고 각각의 재무제표를 읽어냈다면 아주 쉽게 해결되니 그렇게 걱정하지 않아도 돼."

이절세 팀장은 왜 그렇게 말을 했을까?

요즘 재무제표 분석이라고 하면 대개 재무제표 비율분석을 말한다. 이 분석을 통해 우리는 다양한 비율을 추출할 수 있고 이를 경영에 활용할 수 있게 된다. 통상 재무제표 비율분석은 다음과 같은 4가지 측면에서 검토한다. 물론 그 밖에도 다른 지표분석이 수없이 많다. 독자들은 자기 기업이나 분석 목적에 따라 분석방법을 보완해 사용하면 될 것이다. 참고로 아래의 내용은 기본적으로 알아 두는 것이 좋다.

〈안정성〉

대차대조표 상으로는 주로 다음과 같이 자본구조의 안정성과 지불능력의 안정성 그리고 자산운영의 안정성을 점검한다.

구분	분석비율	판정기준
① 자본구조의 안정성	- 자기자본비율 : (자기자본/총자본)×100 - 부채비율 : (총부채/자기자본)×100	50% 이상 시 양호 100% 이하 시 양호
② 지불 능력의 안정성	- 유동비율 : (유동자산/유동부채)×100 - 당좌비율 : (당좌자산/유동부채)×100	200% 이상 시 양호 100% 이상 시 양호
③ 자산운용의 안정성	- 비유동비율* : (비유동자산/자기자본)×100 - 비유동장기적합률(고정장기적합률) : 　(비유동자산/자기자본+비유동부채)×100	100% 이하 시 양호 100% 이하 시 양호

* 2007년부터 재무제표의 작성 및 표시방법이 일부 변경되었다. 따라서 비율분석 항목도 이에 맞춰 일부 수정하였다(예: 고정비율→비유동비율).

첫째, 자본구조의 안정성을 평가하는 지표는 자기자본비율과 부채비율이 대표적이다. 이러한 비율분석은 주로 부채가 개입되는 상황에서 얼마나 자본구조가 견실한가를 나타낸다. 실무적으로 자기자본비율은 50% 이하, 부채비율은 100% 이하가 되면 양호한 자본구조라 할 수 있다.

둘째, 지불 능력의 안정성을 평가하는 지표에는 유동비율과 당좌비율이 있다. 이러한 비율분석은 기업의 단기 채무자금 상환능력이 얼마인지를 평가하는 지표가 된다. 통상 유동비율은 200% 이상, 당좌비율은 100% 이상이 되면 지불 능력이 안정돼 있다고 할 수 있다.

셋째, 자산운용의 안정성에는 비유동비율과 비유동장기적합률이 있다.

기업의 투자는 자기자본 범위 내에서 하는 것이 안전하다. 이때 이를 측정하는 지표가 바로 비유동비율이다. 통상 이 비율이 100% 이하면 양호하다고 판정한다.

한편 비유동장기적합률(종전 고정 장기적합률)은 비유동자산과 장기자본(자기자본과 비유동부채)과의 관계를 분석한 것이다. 이 비율분석은 소유한 비유동자산이 어느 정도 장기자본으로 투자됐는가를 보여 준다. 일반적으로 100% 이하면 양호하다고 본다.

〈안정성의 개선작업〉

- 안정성을 개선하기 위해서는 부채를 줄인다 → 자기자본의 안정성 강화
- 재고자산을 줄이고 그만큼 당좌자산을 늘린다 → 지불 능력의 안정성 강화
- 단기부채는 가급적 장기부채로 전환한다 → 자산운용의 안정성 강화

〈수익성〉

수익성은 주로 손익계산서 항목을 통해 다음과 같이 평가된다.

구분	분석비율	평가기준
매출액에 대한 총이익률 크기	매출액 총이익률: (매출총이익/매출액)×100	20% 이상이 바람직(높을수록 좋다)
매출액에 대한 영업이익의 크기	매출액 영업이익률: (영업이익/매출액)×100	10% 이상이 바람직(높을수록 좋다)
매출액에 대한 법인세차감전이익의 크기*	매출액 법인세차감전이익률: (법인세차감전이익/매출액)×100	5% 이상이 바람직
매출액에 대한 순이익의 크기	매출액 순이익률: (당기순이익/매출액)×100	높을수록 좋다
총자본에 대한 법인세차감전이익의 크기	총자본 계속사업이익률: (법인세차감전이익/총자본)×100	높을수록 좋다 (6% 이상이 바람직)

* 2007년부터 경상이익 용어 폐지로 '법인세차감전이익'용어를 사용하였다. 따라서 법인세차감전이익은 종전의 경상이익과 같은 의미가 있다.

첫째, 매출액 총이익률은 매출액에 비해 총이익이 얼마 되는가를 나타낸 것이다. 이 비율은 높을수록 양호하며 이 비율을 증가시키기 위해서는 매출액을 증가시키거나 매출원가를 줄여야 한다.

둘째, 매출액 영업이익률은 매출액에 비해 영업이익이 얼마 되는가를 나타낸 것이다. 이 비율은 높을수록 양호하며 이 비율을 증가시키기 위해서는 매출액을 증가시키거나 매출원가 또는 판매관리비를 줄여야 한다. 영업이익은 매출총이익에서 판매관리비를 차감해 계산하기 때문이다.

셋째, 매출액 법인세차감전이익률(종전 매출액 경상이익률)은 매출액에 비해 법인세차감전이익이 얼마 되는가를 나타낸 것이다. 이 비율은 높을수록 양호하며 이 비율을 증가시키기 위해서는 매출액과 영업외수익을 증가시키거나 매출원가, 판매관리비, 영업외비용을 줄여야 한다. 법인세차감전이익은 영업이익에 영업외수익을 더하고 영업외비용을 차감해 계산하기 때문이다.

〈수익성의 개선작업〉

- 매출은 늘리고 매출원가는 줄인다 → 매출액 총이익률의 개선
- 판매관리비 및 영업외비용을 줄인다 → 매출액 법인세차감전이익률 및 영업이익률의 개선

〈활동성〉

대차대조표와 손익계산서의 항목 간을 연결해 다음과 같이 활동성을 평가한다.

구분	분석비율	판정기준
① 총자본 회전율(회)	연간 매출액/(평균)총자본	높을수록 좋다
② 재고자산 회전율(회)	연간 매출액/(평균)재고자산	8회전 이상
③ 매출채권 회전율(회)	연간 매출액/(평균)매출채권	6회전 이상

첫째, 총자본 회전율은 연간 매출액을 총자본으로 나눈 것으로 자본이 매출액 기준으로 연간 몇 번이나 회전하는가를 측정하는 것을 말한다. 여기서 총자본은 기초와 기말을 더해 2로 나눈 기중 평균총자본을 쓰는 것이 기말자본으로 쓰는 것보다 합리적이다. 회전율이라는 개념은 연중을 기준으로 따지기 때문이다(다른 자산의 회전율도 동일).

만일 이 회전율이 3회가 나왔다면 총자본의 순환이 매출대비 3회 있었다는 것을 의미한다. 따라서 회전율이 높다는 것은 그만큼 자금회전

이 잘돼 자본을 효율적으로 사용했다고 할 수 있다.

둘째, 재고자산 회전율은 1년 동안에 재고자산의 몇 배나 되는 매출을 올렸는가를 나타낸다. 이율은 현금화 속도를 나타내므로 이율이 높을수록 자본수익성도 올라간다고 할 수 있다. 1년에 8회전 이상 회전하면 양호한 것으로 판단한다.

참고로 재고자산이 일반적으로 취득원가로 평가돼 있기 때문에 매출액보다는 매출원가를 이용하는 것이 바람직하다.

셋째, 매출채권 회전율은 매출채권이 정상적으로 회전하고 있는가를 판단하는 분석법이다. 기업은 매출이 아주 많고 이익이 많이 나더라도 이를 현금으로 회수하지 못하면 자금이 고이는 현상이 발생한다. 따라서 이 분석은 이러한 상황에서 매출채권의 현금화 속도를 따져보는 데 도움이 된다. 통상 연간 6회전 이상 매출채권이 회전하면 양호하다고 판단한다.

〈활동성의 개선작업〉

- 매출액을 증가시킨다 → 총자본회전율의 개선
- 과잉재고를 발생시키지 않는다 → 재고자산 회전율의 개선
- 매출채권 회수를 촉진한다 → 매출채권 회전율의 개선

〈성장성〉

당해 기업이 전년도에 비해 얼마나 성장했는지는 다음과 같은 방식으로 분석한다.

구분	해당 비율분석	검토사항
① 매출액 증가율	(당기매출액/전기매출액)×100	기업의 외형적인 신장세 판단
② 유형자산 증가율	(당기말 유형자산/전기말 유형자산)×100	기업의 설비투자 동향 및 성장 잠재력 등

Tip **금융기관과 기업 재무담당자들이 중요시하는 지표분석**

〈금융기관이 중요시하는 지표분석〉

금융기관은 신규 대출을 승인하거나 기존 대출의 기간을 연장하는 데 재무제표를 활용한다. 이때 금융기관이 중요시하는 재무제표 비율은 수익성 관련 비율보다는 상환 능력과 유동성 관련 비율이 된다.

예를 들면 다음과 같은 순서로 중요성을 부여한다.

1. 부채비율 : 상환 능력을 평가한다.
2. 유동비율 : 유동성을 평가한다.
3. 영업 현금흐름/유동성 장기차입금 : 상환 능력을 평가한다.
4. 기타

〈기업 재무담당자들이 중요시하는 지표분석〉

일반적으로 기업 재무담당자들은 모든 지표분석 중에서 수익성 관련 비율을 중요시한다.

예를 들면 다음과 같은 순서로 중요성을 부여한다.

1. 주당순이익 : 수익성을 평가한다.
2. 자기자본이익률 : 수익성을 평가한다.
3. 매출액이익률 : 수익성을 평가한다.
4. 부채비율 : 상환능력을 평가한다.
5. 기타

재무 비율분석은 공시된 재무제표를 가지고 분석하므로 자료를 쉽게 얻을 수 있다는 점과 전문가가 아니라도 손쉽게 결과를 얻을 수 있다는 장점이 있다. 하지만 공시된 재무제표가 허위로 작성되거나 영업환경이 변했거나 회계처리 등이 변경된 경우 등은 기간 비교나 기업 간 비교에서 유용한 정보를 제공하지 못한다는 한계가 있다.

따라서 재무 비율분석은 이러한 한계점을 고려해 실시돼야 하며, 기타 다른 분석방법을 병행해 타당성 검토를 실시하는 것이 바람직하다.

예를 들면 기업의 명성, 이미지, 브랜드 가치, 기업의 경영능력, 종업원의 만족도 등의 비재무적인 요소가 이에 해당한다.

이 정도쯤이야~!

경영자가 좋아하는
재무제표 만들기

"팀장님, 결국 안정성과 수익성 그리고 활동성 등을 종합평가해 문제가 없는지 살피고, 문제가 있는 곳을 중점적으로 개선시키면 재무제표는 탄탄해지겠네요?"

"그렇지. 기업에서는 재무제표 분석을 통해 과거를 평가하고 미래를 준비하지. 우리 회사도 그렇게 하고 있고."

"그런데 팀장님, 이익이 높아지면 지표들도 다 좋아지지 않을까요? 물론 그 이익은 현금이 뒷받침된 이익을 말합니다만."

이절세 팀장은 왕초보가 말한 바를 곰곰이 생각해 보았다.

'그래, 왕초보의 말이 일리가 있어. 이익이 많으면 지표들도 좋아질 것이고 그렇게 되면 다른 경영상의 문제점도 많이 사라질 것은 뻔해. 내 생각이 맞다면 기업들은 이익증대에만 초점을 맞추면 될 텐데.'

이절세는 다음과 같은 생각을 해 보았다.

- 이익이 많다 → 수익성이 향상된다 → 안정성이 향상된다 → 기업의 성장 가능성도 향상된다

과연 그럴까?

각 기업의 경영자들은 자기 회사의 재무제표를 잘 보이고 싶어 한다. 그래야 능력 있는 경영자로 인정받을 수 있고 넉넉한 보수를 받을 수 있기 때문이다. 그렇다면 경영자가 선호하는 재무제표는 어떤 모습을 하고 있을까?

일단 대차대조표의 자산이 수익을 많이 낼 수 있는 우량자산이고, 손익계산서 상의 이익이 많은 경우이다.

대차대조표

자산	부채	
	자본	+

손익계산서

수익	
비용	
손익	+

그래서 많은 경영자들은 수익을 많이 내는 데 심혈을 기울이게 된다. 그래야 이익도 많아지고 자산(현금이나 매출채권)도 늘어나기 때문이다. 대차대조표 상의 자산은 미래현금을 창출할 수 있는 능력이 있는지 평가하는 수단으로서 기업가치와 관계가 있고, 손익계산서 상의 이익은 기업의 현금창출능력을 보여 준다.

그렇다면 경영자들이 가장 선호하는 재무제표를 만들기 위해서 이익을 늘린다고 할 때 각종 재무제표 분석 지표들이 어떻게 변하는지 구체적으로 알아보자.

어떤 기업의 대차대조표와 손익계산서가 다음과 같다.

〈대차대조표〉

(단위 : 원)

자산				부채			
자산	유동자산	유동자산 계	95,000,000	부채	유동부채	유동부채 계	120,000,000
		당좌자산	당좌자산계	45,000,000			외상매입금	32,000,000
			현금	10,000,000			미지급금	20,000,000
			매출채권	35,000,000			단기차입금	68,000,000
		재고자산	50,000,000		비유동부채	비유동부채 계	40,000,000
	비유동자산	비유동자산 계	155,000,000			장기차입금	40,000,000
		투자자산	55,000,000	부채 계			160,000,000
		유형자산	100,000,000	자본	자본금		80,000,000
		무형자산	0		이익잉여금		10,000,000
		기타 비유동자산	0	자본 계			90,000,000
자산 계			250,000,000	부채와 자본 계			250,000,000

〈손익계산서〉

(단위 : 원)

매출액			200,000,000
매출원가	기초상품재고액	10,000,000	80,000,000
	당기매입액	120,000,000	
	기말상품재고액	50,000,000	
매출총이익			120,000,000
판매관리비			100,000,000
영업이익			20,000,000
영업외수익			0
영업외비용			10,000,000
법인세차감전이익			10,000,000

이상의 재무제표를 가지고 재무제표 분석을 해보면 다음과 같다.

구분			실제비율	기준비율	판단
1. 안정성	자기자본 안정성	자기자본비율	36.0	50% 이상	기준에 미달
		부채비율	177.78	100% 이하	미달
		이자보상비율	200.00	100% 이상	충족
	지불능력의 안정성	유동비율	79.17	200% 이상	미달
		당좌비율	37.50	100% 이상	미달
	자산운용의 안정성	비유동비율	172.22	100% 이하	미달
		비유동장기적합률	119.23	100% 이하	미달
2. 수익성	매출액 총이익률		60.0	20% 이상	충족
	매출액 영업이익률		10.0	10% 이상	충족
	매출액 법인세차감전이익률		5.0	5% 이상	충족
	총자본 법인세차감전이익률		4.0	6% 이상	미달
3. 활동성	총자본 회전율		0.8회	높을수록 좋다	–
	재고자산 회전율		4.0회	8회전 이상	미달
	매출채권 회전율		5.7회	6회전 이상	미달

* 활동성 분석을 할 때는 전기말과 당기말의 금액을 평균해야 하는 것이 합리적이나 여기에서는 편의상 이를 무시하고 분석을 했다.

이 기업의 수익성은 양호하나 안정성은 미흡한 것으로 나타나고 있다. 안정성이 떨어지면 자칫 도산할 수도 있다. 한편 활동성의 경우 총자본 회전율 등도 만족할 만한 수준이 아니다.

이런 상황을 타개하기 위해 매출액을 전년도 대비 100% 증가시키고 이익 수준을 1억 원으로 끌어올렸을 때 관련 비율들이 어떻게 변화하는지 살펴보자(이외 당기매입액 8,000만 원, 판매관리비 3,000만 원 증가 가정). 다만, 이때 늘어난 이익은 이익잉여금에 전액 적립되며 이에 해당하는 금액은 전액 매출채권으로 남아 있다고 하자.

〈새로운 대차대조표〉

(단위 : 원)

자산				금액	부채·자본			금액
자산	유동자산	유동자산 계		195,000,000	부채	유동부채	유동부채 계	120,000,000
		당좌자산	당좌자산계	145,000,000			외상매입금	32,000,000
			현금	10,000,000			미지급금	20,000,000
			매출채권	35,000,000				
			증가된 매출채권	100,000,000			단기차입금	68,000,000
		재고자산		50,000,000		비유동부채	비유동부채 계	40,000,000
	비유동자산	비유동자산 계		155,000,000			장기차입금	40,000,000
		투자자산		55,000,000	부채 계			160,000,000
		유형자산		100,000,000	자본	자본금		80,000,000
		무형자산		0		이익잉여금		10,000,000
						증가된 이익잉여금		100,000,000
		기타 비유동자산		0	자본 계			190,000,000
자산 계				350,000,000	부채와 자본 계			350,000,000

〈새로운 손익계산서〉

(단위 : 원)

매출액					400,000,000
매출원가	기초상품재고액	10,000,000		160,000,000
	당기매입액	200,000,000		
	기말상품재고액	50,000,000		
매출총이익				240,000,000
판매관리비				130,000,000
영업이익				110,000,000
영업외수익				0
영업외비용				10,000,000
법인세차감전이익				100,000,000

〈새로운 재무제표 분석〉

구분			당 비율	개선된 비율	기준비율	판단
1. 안정성	자기자본 안정성	자기자본비율	36.00	54.29	50% 이상	개선
		부채비율	177.78	84.21	100% 이하	개선
		이자보상비율	200.00	1,100.00	100% 이상	개선
	지불능력의 안정성	유동비율	79.17	162.50	200% 이상	개선
		당좌비율	37.50	120.83	100% 이상	개선
	자산운용의 안정성	비유동비율	172.22	81.58	100% 이하	개선
		비유동장기적합률	119.23	67.39	100% 이하	개선
2. 수익성	매출액 총이익률		60.0	60.0	20% 이상	개선
	매출액 영업이익률		10.0	27.5	10% 이상	개선
	매출액 법인세차감전이익률		5.0	25.0	5% 이상	개선
	총자본 법인세차감전이익률		4.0	28.6	6% 이상	개선
3. 활동성	총자본 회전율		0.8회	1.1	높을수록 좋다	개선
	재고자산 회전율		4.0회	8.0	8회전 이상	개선
	매출채권 회전율		5.7회	4.0	6회전 이상	퇴보*

* 늘어난 이익 모두가 매출채권으로 남아 있다는 가정으로 퇴보현상이 발생함.

이렇게 재무제표가 좋지 않는 상황에서 매출과 이익을 늘리게 되면 모든 분석지표들이 좋게 변한다.

Tip   자본 회전율을 높이려면

자본회전이 잘되면 기업활동이 활발해지며 성장가도를 달린다고 할 수 있다. 이러한 자본회전율을 올리기 위해서는 총자본을 줄이든가 아니면 매출을 올리면 된다. 다만, 총자본은 부채와 자본으로 구성되므로 가급적 부채를 줄이는 것이 재무구조를 탄탄하게 만드는 데 도움이 된다.

일반적으로 총자본 회전율이 높으면 한 단위의 자산에 의해 보다 높은 매출이 실현됐다고 볼 수 있다. 따라서 이런 상황이라면 기업의 활동성이 매우 높다고 할 수 있다. 다음을 보자.

A기업	B기업
• 총자본 5억 원 • 연간 매출액 20억 원	• 총자본 100억 원 • 연간 매출액 200억 원
• 총자본 회전율 　= 4회(20억 원/5억 원)	• 총자본 회전율 　= 2회(200억 원/100억 원)

B기업은 연간 200억 원의 매출을 올렸으나 A기업은 B의 10%인 20억 원의 매출을 올리고 있다. 그렇다면 이 두 기업 중 어느 기업이 더 자본을 효율적으로 사용하고 있을까?

비교해 보면 A기업의 총자본 회전율은 4회, B기업은 2회이다. 따라서 A기업이 더 효율적으로 자본을 사용하고 있음을 알 수 있다.

그렇다면 B기업이 총자본 회전율을 A기업과 같은 4회로 늘리면 매출액은 얼마나 늘어날까?

일단 총자본이 100억 원이므로 매출액이 400억 원이 돼야 한다. 실무적으로 회전율을 높이는 방법은 매출액을 늘리거나 총자본을 줄이면 된다. 물론 총자본을 줄일 때는 부채를 먼저 줄이는 것이 좋다. 총자본에는 부채도 포함돼 있기 때문이다.

회계조작을 하면
안 되는 이유

"팀장님, 어떤 기업은 실적을 좋게 보이기 위해 회계조작을 시도한 다고 하는데요. 그게 어떻게 발각이 되나요?"

왕초보가 요즘 화두가 되고 있는 회계조작 사건에 대해 궁금한 사항을 이절세 팀장에게 물었다.

"뭐, 회계감사도 있으니까 그렇게 큰 문제는 없지 않을까?"

"하지만 수시로 분식회계다 뭐다 자꾸 터지는데 감사도 한계가 있는 것 아닙니까? 관련 당사자들이 서로 짜고 치면 어떻게 알겠습니까?"

"일리가 있어. 하지만 우리가 그동안 공부했던 내용으로 회계조작이 어떤 영향을 주는지 알아보자고."

정상적인 회계처리를 통해 다음과 같은 재무제표를 얻었다고 하자. 그리고 이를 근거로 재무비율 분석을 했다고 하자.

〈대차대조표〉

(단위 : 백만 원)

유동자산		300	유동부채	600	
당좌자산	100		비유동부채	200	
재고자산	200		부채 계		800
비유동자산		1,000	자본금	600	
투자자산	500		자본잉여금		
유형자산	500		자본조정		
무형자산	0		결손금	-100	
			자본 계		500
자산 계		1,300	부채와 자본 계		1,300

〈손익계산서〉

(단위 : 백만 원)

매출액	1,000
매출원가	900
매출총이익	100
판매관리비	200
영업이익	-100

〈재무비율 분석〉

구분	비율분석	비율	기준	결과
안정성	부채비율	160.0%	100% 이하	기준 미달
	유동비율	50.0%	200% 이상	미달
	비유동비율	200.0%	100% 이하	미달
수익성	매출 총이익률	10.0%	20% 이상	미달
	영업이익률	-10.0%	10% 이상	미달
활동성	총자본 회전율	0.77회	-	미달
	재고자산 회전율	5회	8회	미달

이 기업은 안정성, 수익성, 활동성 측면에서 모두 불량한 것으로 나타났다. 이런 상황이라면 외부에서 자금을 차입하거나 투자를 받는 등의 행위가 제한된다. 따라서 이 기업은 이런 상황을 타개하기 위해 다음과 같이 가공매출을 일으킬 수 있다.

(차변) 외상매출금 500,000,000   (대변) 매출 500,000,000

위와 같은 회계처리는 일단 대차대조표와 손익계산서 등에 영향을 준다.

〈새로운 대차대조표〉

(단위 : 백만 원)

유동자산		800	유동부채	600	
당좌자산	600		비유동부채	200	
재고자산	200		부채 계		800
비유동자산		1,000	자본금	600	
투자자산	500		자본잉여금		
유형자산	500		자본조정		
무형자산	0		이익잉여금	400	
			자본 계		1,000
자산 계		1,800	부채와 자본 계		1,800

대차대조표 차변의 당좌자산(외상매출금)이 1억 원에서 6억 원이 증가하였다. 또 대변의 결손금 1억 원이 없어진 대신 이익잉여금이 4억 원 늘어났다.

〈새로운 손익계산서〉

(단위 : 백만 원)

매출액	1,500
매출원가	900
매출총이익	600
판매관리비	200
영업이익	400

손익계산서는 종전의 결손금 1억 원이 없어진 대신 영업이익 4억 원
이 발생하였다.

〈새로운 재무비율 분석〉

구분	비율분석	비율		기준	결과	
		당초	변경		변경 전	변경 후
안정성	부채비율	160.0%	80.0%	100% 이하	미달	충족
	유동비율	50.0%	100.0%	200% 이상	미달	미달
	비유동비율	200.0%	100.0%	100% 이하	미달	충족
수익성	매출 총이익률	10.0%	40.0%	20% 이상	미달	충족
	영업이익률	- 10.0%	26.6%	10% 이상	미달	충족
활동성	총자본 회전율	0.77회	0.83회	-	-	-
	재고자산 회전율	5회	7.5회	8회	미달	충족

이렇게 가공매출이 들어온 경우 각종 재무비율의 내용이 매우 좋아
졌음을 알 수 있다.

그렇다면 앞에서 왕초보가 이절세 팀장에게 질문한 것에 대한 답을
재무비율 분석을 통해 알 수 있을까?

애석하게도 이런 재무비율 분석만으로는 가공매출액이 들어 있는지

알 도리가 없다.

결국 재무제표가 왜곡돼 작성된 경우에는 위와 같은 주요 재무비율 분석에서 심각한 오류를 낳을 수 있는 점을 이해할 필요가 있다. 따라서 재무비율 분석의 유용성을 배가시키기 위해서는 이러한 점을 보완할 수 있는 분석기법(예 : 현금흐름 분석 등)을 병행할 필요가 있다.

Tip 회계조작은 어떻게 할까?

회계조작은 보통 이익과 순자산을 늘리기 위해 시도되는 경우가 있다. 이에는 대표적으로 다음과 같은 유형들이 있다.

① 매출 가공계상
기업이 다음과 같이 가공매출을 장부에 계상하면 자산이 증가하고 동시에 수익이 증가하는 것으로 보인다. 기업들이 계열회사나 이해관계가 일치된 기업 간에 내부거래를 하는 것도 이러한 것과 관계가 있다.
(차변) 매출채권 ××× (대변) 매출 ×××

② 기말재고자산액 확대계상
제조업 등의 손익계산에 필요한 매출원가는 기초재고와 당기매입액의 합계액에서 기말재고액을 차감하여 계산된다. 그런데 매출원가를 적게 계상하려면 어떻게 해야 할까? 가장 손쉬운 방법은 기말재고액을 늘리는 것이다. 이렇게 되면 매출원가가 축소되므로 이익이 많아 보인다.

③ 비용을 무형자산으로 계상
비용성격인 연구비를 무형자산인 개발비로 처리하는 등 자산과 이익을 좋게 보이려는 시도들이 있다.

④ 부채 누락
차입금을 장부에서 누락하면 빚이 없는 것으로 보여 재무구조가 견실한 것처럼 보일 수 있다. 그렇게 되면 추가차입에서 유리할 수 있다.

재무제표 완전 분석

다음과 같은 재무제표를 통해 재무비율 분석을 해 보자.

<실전 재무제표 분석 시 고려할 점>

재무제표 분석을 성공적으로 수행하기 위해서는 사전에 경영분석에 대한 지식이 전제되어야 한다. 또한 자료의 신뢰성이 전제되어야 한다. 재무제표 작성에 오류가 발생하거나 고의적인 누락 등으로 인해 재무제표가 왜곡되었다면 재무제표 분석은 차라리 하지 않는 것이 나을 것이다.

이런 점 외에도 재무제표가 가지고 있는 구조적인 한계점이 있다. 재무제표는 과거에 발생한 회계상의 거래를 기준으로 작성되다 보니 현재나 미래의 가치를 반영하지 못하는 경우가 종종 있다. 예를 들어 수십 년 전에 산 부동산 가격이 올랐다고 하더라도 종전대로 장부에 표시되어 있다든지, 불용자산이 버젓이 재무제표에 반영되어 있는 것 등이 그렇다. 따라서 재무분석을 실시하는 사람들은 이런 점을 충분히 숙지하고 기타 이를 보완할 수 있는 방법들을 추가해 기업분석을 실시하는 것이 좋다.

〈대차대조표〉

(단위 : 원)

자산			부채	
Ⅰ. 유동자산		305,380,429	Ⅰ. 유동부채	250,854,544
1. 당좌자산		280,289,769	외상매입금	80,222,476
현금		722,648	미지급금	19,801,701
보통예금		75,850,123	예수금	2,173,830
외상매출금		153,440,562	부가세예수금	7,605,792
미수금		19,879,425	가수금	115,840,000
선급금		0	선수금	1,100,000
선급비용		547,408	미지급비용	24,110,745
가지급금		29,849,603		
2. 재고자산		25,090,660	Ⅱ. 비유동부채	0
상품		25,090,660	장기차입금	0
Ⅱ. 비유동자산		137,418,358	부채 총계	250,854,544
1.투자자산		30,000,000	자본	
장기금융상품		30,000,000	Ⅰ. 자본금	200,000,000
2. 유형자산		107,418,358	Ⅱ. 자본잉여금	0
			Ⅲ. 자본조정	
차량운반구	13,060,000		Ⅳ. 결손금	8,055,757
감가상각누계액	2,612,000	10,448,000	처리전 결손금	8,055,757
비품	31,212,947		(당기순손실 :	
감가상각누계액	6,242,589	24,970,358	8,055,757	
시설장치	90,000,000		전기순손실 : 0)	
감가상각누계액	18,000,000	72,000,000		
3. 무형자산			자본 총계	191,944,243
자본 총계		442,798,787	부채와 자본 총계	442,798,787

〈손익계산서〉

(단위 : 원)

구분	금액	
I. 매출액		709,509,130
상품매출	568,790,130	
기타 수입	140,719,000	
II. 매출원가		431,752,240
기초상품 재고액	0	
당기매입액	456,842,900	
기말상품 재고액	25,090,660	
III. 매출총이익		277,756,890
IV. 판매관리비		288,362,147
직원급여	138,000,540	
잡급	3,000,000	
복리후생비	18,093,205	
접대비	13,005,044	
통신비	9,500,092	
감가상각비	26,854,589	
세금과공과금	1,279,965	
지급임차료	21,800,450	
수선비	1,000,400	
보험료	3,060,000	
차량유지비	14,060,987	
교육훈련비	4,069,995	
운반비	15,000,050	
도서인쇄비	3,006,113	
판매촉진비	10,244,451	
지급수수료	3,000,000	
잡비	3,386,266	
V. 영업이익		- 10,605,257
VI. 영업외수익		2,549,500
이자수익	2,549,500	
VII. 영업외비용		0
이자비용	0	
VIII. 법인세 차감전 계속사업이익		- 8,055,757
X. 계속사업 법인세 비용		0
XI. 계속사업이익		- 8,055,757
XII. 중단사업이익		0
XIII. 당기순손익		- 8,055,757

위의 재무제표를 기준으로 재무비율 분석을 하면 다음과 같은 결과를 얻을 수 있다.

구분			비율	기준비율	판단
1. 안정성	자기자본 안정성	자기자본비율	43.3%	50% 이상	미달
		부채비율	130.7%	100% 이하	미달
	지불능력의 안정성	유동비율	121.7%	200% 이상	미달
		당좌비율	111.7%	100% 이상	충족
	자산운용의 안정성	비유동비율	71.6%	100% 이하	충족
		비유동 장기적합률	71.6%	100% 이하	충족
2. 수익성	매출액 총이익률		39.1%	20% 이상	충족
	매출액 영업이익률		- 1.5%	10% 이상	미달
	매출액 법인세차감전이익률		- 1.1%	5% 이상	미달
	총자본 법인세차감전이익률		- 1.8%	6% 이상	미달
3. 활동성	총자본 회전율		3.7회	높을수록 좋다	-
	재고자산 회전율		28.1회	8회전 이상	충족
	매출채권 회전율		4.6회	6회전 이상	미달

* 활동성 분석의 총자본이나 재고자산 등의 분모에 해당되는 금액은 전기와 당기의 금액을 평균해야 하는 것이 합리적이나 이 분석사례에서는 편의상 이를 생략했다.

이상과 같이 재무비율 분석을 실시한 결과를 세부적으로 파악해 보자.

먼저, 지불능력의 안정성을 파악할 수 있는 당좌비율은 다소 양호한 것으로 나타났다. 또한 자산운용 측면에서도 비교적 양호한 결과가 나왔다. 하지만 자기자본비율과 부채비율이 기준에 약간 미달했다. 안정성을 개선하기 위해서는 부채를 줄이는 등의 조치를 취해야 한다.

수익성의 경우 매출액 총이익률은 매우 양호한 것으로 나타났으나 이후 매출액 영업이익률 등은 매우 불량한 것으로 나타났다. 그 이유는 판매관리비가 매출액에서 차지하는 비중이 크기 때문이다. 따라서 이를 개선시키기 위해서는 판매관리비 등을 줄이는 노력이 필요함을 알 수 있다.

마지막으로 활동성의 경우 대체적으로 양호한 것으로 나타났다. 다만 매출채권 회전율이 기준에 미달했는데 이는 매출채권 회수가 더딤을 의미한다. 따라서 이를 개선시키기 위해서는 매출채권 회수조치가 강화되어야 함을 알 수 있다.

신입사원 왕초보,
재무제표에 필요한 원가계산을 하다

원가가 뭐야

"팀장님, 원가와 비용이 다른 건가요? 저는 그동안 같은 거라고 생각했거든요."

재무제표를 넘어 원가정복에 나선 왕초보가 의미심장한 질문을 한다.

"아니, 그걸 이제야 안 거야?"

이 팀장은 왕초보의 질문을 받고 약간 당황했다. 자기도 그 둘의 차이점을 정확하게 알지 못했기 때문이다. 일단 왕초보에게 좀 더 생각해보라고 하고 부랴부랴 그 차이점을 알아보았다. 일단 인터넷에서 찾아보기로 했다. 인터넷에서는 원가와 비용을 이렇게 정의했다.

<u>원가(Cost)</u> 특정 목적을 달성하기 위해 희생된 자원의 가치로서 재화나 용역을 획득하기 위해 제공한 가치를 화폐로 측정한 것이다.

<u>비용(Expense)</u> 수익활동에 기여한 것으로 원가 중 소멸된 원가를 말한다.

'에이, 이거 뭐야. 아무리 봐도 이해가 되지 않는군. 집에 가서 알아 봐야겠어.'

이절세는 집에 가서 아내 야무진에게 도움을 요청했다.

"야무진 씨, 당신 도움이 필요해."

"어, 그래? 뭔데?"

"으응, 원가와 비용은 어떻게 구별할 수가 있지? 원가와 비용 그게 그거 아냐? 원가절감이 곧 비용을 절감한다는 뜻이 아닌가?"

"맞아. 원가와 비용은 거의 비슷한 개념이야. 실무적으로 원가와 비용을 구분하지 않는 경우도 많으니까. 하지만 경영관리를 이해하려면 원가의 구분이 매우 중요하겠지."

이절세 팀장은 야무진의 말 뜻이 점점 궁금해지기 시작했다.

기업 내의 각 조직에서 발생하는 원가는 다양하다. 생산부라면 노무비, 총무부라면 급여가 주요 원가가 될 것이다.

원가는 팔리지 않아 자산(재고자산)으로 남아 있는 경우도 있고 팔려나가 소멸(비용이나 손실)된 경우도 있다.

그렇다면 구체적으로 원가와 비용은 어떤 차이가 있는지 다음 그림을 보자.

〈원가정보의 유용성〉

우선 원가정보는 손익계산서 상의 매출원가를 산정하는 데 1차적으로 필요하다. 또한 이 정보는 다양한 경영 의사결정을 하는 데 요긴하게 사용된다. 따라서 독자들은 이 두 가지 관점에서 원가를 바라볼 필요가 있다.

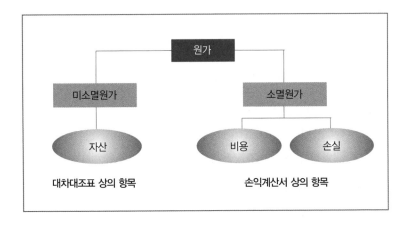

원가는 특정 목적을 달성하기 위해 희생된 경제적 가치에 해당하므로 기업이 지출한 돈은 모두 원가에 해당한다. 하지만 이 원가는 소멸됐는가 미소멸됐는가에 따라 그 성격이 달라진다.

만일 원가가 발생했으나 소멸되지 않은 경우 이 원가는 자산형태로 남게 된다. 예를 들어 자동차 제조기업은 재료비, 노무비, 각종 경비를 투입해 자동차를 만든다. 그런데 이때 재료비 등의 원가는 자동차가 팔리지 않는 이상 대차대조표 상의 재고자산으로 남게 된다. 하지만 이 자동차가 판매됐다면 이 재고자산은 소멸된 원가로서 매출에 대응되는 비용인 매출원가로 변하게 된다. 이를 그림으로 표현하면 다음과 같다.

원가발생　　→　　미소멸원가　　→　　소멸원가

재료비 ⎫
노무비 ⎬ → 자산(자동차) → (비용)매출원가
경비 ⎭

이 같은 과정으로 보건대 원가는 물건이나 용역을 외부에 판매하기 위해 소비된 경제적 가치라고 결론 내릴 수 있다. 다만 이 원가가 외부에 판매되지 않는 경우에는 자산형태로 기업 내부에 남게 되고, 판매가 되는 경우에 비로소 소멸되며, 이때 수익에 대응하는 비용으로 변하게 된다.

참고로 이때 소멸된 원가가 수익활동에 기여하지 못하는 경우에는 비용이 아닌 손실에 해당한다. 손실에 해당하는 예로는 쓸모없는 비품을 폐기처분할 때 발생하는 처분손실을 들 수 있다.

Tip   원가의 분류는 다양하게 할 수 있다

관리회계에서 원가는 의사결정 목적에 따라 다양하게 분류될 수 있다.

1. 제조활동에 따른 제조원가의 형태별 분류 – 직접재료비, 직접노무비, 제조간접비

직접재료비는 특정제품에 직접적으로 추적할 수 있는 재료비 사용액을 말하고 직접노무비는 노동력의 사용액을 말한다. 제조간접비는 특정제품에 직접적으로 추적할 수 없는 생산활동과 관련된 원가를 말한다.

2. 원가행태에 따른 분류 – 변동원가 vs 고정원가

변동원가는 매출액에 비례해서 증가하는 원가, 고정원가는 매출액과 관계없이 고정적으로 발생하는 원가를 말한다.

3. 의사결정 관련성에 따른 분류 – 관련원가, 매물원가, 기회원가

관련원가는 각 대안 간에 차이가 나는 차액원가를, 매몰원가는 과거의 의사결정으로 인한 역사적 원가를 말한다. 기회원가란 포기된 대안 중 최선의 대안이 가져다주는 효익을 말한다.

4. 기타

– 자산화에 따른 분류 – 재고가능원가와 기간비용
– 소멸여부에 따른 분류 – 미소멸원가와 소멸원가

각 기업은 경영목표를 가지고 운영되고 있다. 예를 들면 시장점유율 50%라든지 매출액 100억 원이라든지 등이 그렇다. 경영은 이러한 목표를 달성하기 위해 각 기업이 보유한 자원을 효율적으로 배치해 사업을 진행하게 된다. 이렇게 해서 나온 결과들은 대차대조표와 손익계산서 등 재무제표로 표시된다. 그런데 이때의 재무제표들은 사후적인 결과를 기록할 뿐이다. 이때 동원되는 회계개념은 주로 재무회계와 관련이 있다. 재무회계란 투자자, 채권자, 과세당국 등 외부 정보 이용자의 의사결정에 유용한 정보를 제공하기 위해 기업회계기준에 따라 재무제표를 작성하는 회계를 말한다.

그런데 각 기업이 세운 경영 목표를 달성하는 일은 쉽지 않다. 대부분의 기업들이 목표를 높게 잡는 경향이 있기 때문이다. 물론 일단 경영목표가 잡혔다면 이를 달성하기 위해 많은 노력을 하게 된다. 이러한 과정에서 경영자들은 목표를 달성하기 위해 여러 가지 수단을 동원하는데 이때 사용되는 회계도구가 바로 관리회계이다.

관리회계는 경영자나 노조 등 조직의 내부 정보 이용자에게 유용한 정보를 제공하는 내부 회계를 말한다. 이 회계는 경영활동의 핵심인 계획과 통제과정에서 유용한 의사결정을 제공한다.
관리회계는 재무회계의 기업회계기준처럼 틀이 갖추어져 있지 않다. 그래서 관리회계는 각 기업 형편에 맞게 도입할 필요가 있다.

회계의 종류를 더욱 세분화해 보면 원가회계와 세무회계를 추가할 수 있다. 원가회계는 외부로 공표되는 재무제표에 필요한 데이터(제품원가계산)를 제공하는 동시에 관리회계 영역인 계획수립 및 원가통제나 성과 평가 시에 원가회계 시스템에서 원가정보를 제공하기 때문에 재무회계와 관리회계의 중간영역에 걸쳐 있다고 할 수 있다. 세무회계는 세금을 부과하기 위한 목적으로 외부로 공표되는 재무제표를 기초로 수행되는 회계를 말한다. 세무회계를 잘 다루기 위해서는 회계는 기본적으로 알아야 하고 법인세법 등에 능통해야 한다.

원가를 따질 줄
알아야 하는 이유

야무진이 국내에 들어와 있는 외국계 커피체인점의 커피 한 잔의 원가를 다루는 방송장면을 보고 있다.

'음, 어쩌면 저렇게 원가계산을 척척 잘할까? 저런 식으로 원가를 따지다 보면 돈도 많이 벌 수 있겠는걸.'

야무진은 옆에서 TV를 지켜보던 이절세에게 무심코 질문을 한다.

"남편! 만약에 임대료가 평당 50만 원에서 100만 원으로 올라가면 저 커피원가는 얼마나 인상되고 또 이익은 얼마나 떨어지는지 알겠어?"

"……."

이절세 팀장은 야무진의 말에 쉽게 답변할 수 없었다.

"여보, 원가계산을 잘해야 부자가 된대."

무슨 일을 하든지 간에 원가계산을 잘하면 작업능률을 올릴 수 있다. 원가가 얼마인지를 알면 의사결정을 현명하게 내릴 수 있기 때문이다. 하지만 물건이나 서비스의 원가를 따져 보는 것은 쉽지 않다. 대부분의 기업들이 원가정보를 외부에 공개하지 않기 때문이다.

다만, 원가가 어떻게 구성되는지를 알고 있으면 대략적으로나마 원가계산을 하기가 쉽다.

앞의 외국계 브랜드 커피 한 잔의 원가를 따져보는 방법에 대해 알아보자.

일단 커피 원가는 변동비와 고정비로 나눌 수 있다. 변동비는 매출액에 비례하여 발생하는 비용, 고정비는 매출액과 상관없이 고정적으로 발생하는 비용이다(자세한 것은 170쪽 참조). 변동비에는 재료비가 있고 고정비에는 임차료 및 인건비, 감가상각비가 있다.

〈자료〉

판매단가: 5,000원

판매량: 10,000잔/월

변동비율(재료비율): 판매단가의 10%

임차료: 월 10,000,000원

인건비: 월 10,000,000원

감가상각비: 월 4,000,000원

기타 고정관리비: 월 1,000,000원

이상의 정보를 통해 커피 한 잔의 원가를 구해 보자.

구분	금액	판매량	단위당 가격
매출액	50,000,000		5,000
변동비	5,000,000		500
공헌이익*	45,000,000	10,000잔	4,500
고정비	25,000,000		2,500
영업이익	20,000,000		2,000

* 매출액에서 변동비를 차감한 이익으로서 고정비를 회수하는데 공헌해야 한다는 의미를 담고
있다.

판매량이 월 1만 잔인 상태에서 한 잔의 커피원가는 변동비 500원,
고정비 2,500원으로 이루어져 있음을 알 수가 있다. 그런데 이렇게 원
가구조를 지속하다가 매출액이 4,000만 원으로 떨어졌다면 커피 한 잔
의 원가는 얼마나 오를까?

이런 상황에서 단위당 원가는 다음과 같이 변한다.

(단위 : 원)

구분	금액	판매량	단위당 가격
매출액	40,000,000		5,000
변동비	4,000,000		500
공헌이익	36,000,000	8,000잔	4,500
고정비	25,000,000		3,125
영업이익	11,000,000		1,375

앞과 비교해 볼 때 매출액과 변동비에 대한 단위당 가격은 동일하나
고정비에 대한 원가는 상승한 것을 볼 수 있다.

변동비는 매출액에 따라 변동하는 비용이므로 판매량의 증감이 있더라도 이익에 미치는 영향은 크지 않다. 그런데 고정비는 그렇지가 않다. 고정비는 판매량의 증감에 따라 고정비의 배부액이 달라지기 때문이다. 그래서 고정비가 큰 상황에서 판매량이 종전보다 감소하면 개당 원가가 상승하므로 가격 경쟁력이 저하될 수밖에 없다. 따라서 이러한 상황이 지속되면 영업이익은 크게 감소할 가능성이 있다.

현실적으로 보면 이러한 논리에 따라 마케팅 정책을 펴는 경우가 많다. 가격을 낮게 하면서 많이 파는 경우에는 고정비의 회수가 빨라지기 때문에 그만큼 개당 원가가 낮아져 이익을 더 낼 수 있다. 예를 들어 앞의 자료에서 커피 한 잔 값을 3,000원으로 했더니 월 판매량이 2만 잔으로 늘어났다고 하자. 다만, 다른 자료가 똑같다고 가정한다면 다음과 같이 이익이 변한다.

(단위 : 원)

구분	금액	판매량	단위당 가격
매출액 변동비	60,000,000 6,000,000	20,000잔	3,000 300
공헌이익 고정비	54,000,000 25,000,000		2,700 1,250
영업이익	29,000,000		1,450

이렇게 박리다매를 하게 되면 판매량이 증가하므로 개당 원가를 떨어뜨릴 수 있다. 앞의 판매가격이 5,000원인 경우 개당 원가는 3,000원(500원 + 2,500원)이었으나 박리다매의 경우 1,550원(300원 + 1,250원)으로 무려 1,450원이 차이가 난다.

다만, 이렇게 원가를 낮출 수 있는 경우는 주로 판매량에 좌우가 되기 때문에 판매량 예측이 중요하다고 하겠다. 만일 박리다매를 하더라도 판매량이 15,000개에 그친다면 다음과 같이 영업이익이 변할 수 있기 때문이다.

(단위 : 원)

구분	금액	판매량	단위당 가격
매출액	45,000,000		3,000
변동비	4,500,000		300
공헌이익	40,500,000	15,000잔	2,700
고정비	25,000,000		1,666
영업이익	15,500,000		1,034

이러한 박리다매의 전략은 대형 마트나 홈쇼핑 등에서도 많이 찾아볼 수 있다. 대표적인 것이 '1+1' 또는 다른 상품의 키워 팔기 식의 판매 전략이다. 이 전략은 물건을 싸게 공급하므로 수요량이 증가하게 되고 그에 따라 고정비가 빨리 회수된다는 장점이 있다. 고정비가 회수된 이후부터는 이윤이 일정하게 발생하게 된다.

경영지원부서의 원가가
가격 경쟁력을 좌우한다

이절세 팀장은 원가를 잘 알아야 부자가 된다는 아내 야무진의 말이 떠올랐다. 그래서 이 기회를 통해 마침 원가정복에 나선 왕초보와 함께 원가 공부도 열심히 하기로 마음을 먹었다.

"왕초보, 그 유명한 외국 브랜드 커피 한 잔의 원가는 얼마인지 아냐?"

"잘 모릅니다. 4,000원 정도에 팔리면 원가는 100원 정도 되지 않을까요? 자고로 돈 버는 데는 물장사가 최고라고 하던데요."

"어허, 우리가 지금까지 공부한 원가는 주로 매출원가였지만 총원가도 있잖아?"

"아, 맞습니다. 총원가 개념으로 생각하면 당연히 100원은 넘겠죠? 인건비도 넣어야 하고, 임차료와 전기세도 넣어야 하구요."

"그런데 말이야, 많은 사람들이 원가하면 왕초보처럼 재료비 정도만 생각한단 말이야. 물론 상품을 구입해 파는 기업들은 상품비만 원가에 해당하는 것으로 알고 있고."

"팀장님의 말씀은 총원가 개념으로 원가를 이해해야 한다는 것이네요?"

"그렇지. 일반관리직에 종사하는 사람들의 급여도 원가를 구성하므로 적정인원을 유지해야겠지. 그런데 이렇게 눈에 보이는 원가보다는 눈에 보이지 않는 원가가 더 문제가 될 수 있을 것 같은데."

"네에?"

대개 경영성과가 좋은 기업들은 원가가 낮은 제품을 보유하면서 판매가격을 충분히 보장받고 있다. 그렇게 되면 당연히 이익은 많아질 수밖에 없다.

그런데 판매가격은 항상 고정돼 있는 것이 아니며 때로는 가격을 인하해야 하는 상황도 많다. 경쟁자가 등장하거나 새로운 제품이 나온 경우에는 수요의 이탈로 인해 제값받기가 힘든 경우가 많기 때문이다. 따라서 각 기업들은 평소에 가격 경쟁력을 유지하기 위해 원가 경쟁력을 높일 수밖에 없다. 그렇다면 어떻게 하는 것이 원가 경쟁력을 높일 수 있을까?

일단 총원가를 제조원가와 비제조원가로 구분해서 살펴보자.

우선 제조원가는 생산과정에 투입된 재료비, 노무비, 각종 경비들이 해당한다. 이러한 원가요소들은 총원가에서 차지하는 비중이 매우 높기 때문에 많은 기업들이 이를 낮추기 위해 노력한다. 예를 들면 구매를 효율적으로 하고 적정 인원을 채용하고 또 각종 경비지출에서 낭비가 발생하지 않도록 한다. 또 생산공정을 개선해 작업능률을 올리기도 한다. 이렇게 하면 원가가 절감되므로 결국은 가격 경쟁력이 올라간다.

그런데 제조원가는 비중이 크기 때문에 항상 원가절감의 관심사가 되나 비제조원가는 그렇지 않은 경우가 많다. 왜냐하면 이에 대해서는 뚜렷한 원가절감 방안을 만들어내기가 쉽지 않기 때문이다. 고작해야 통신비나 종이컵 덜 사용하기 같은 아이디어만 있을 수 있다. 하지만 비제조부문은 경영을 지원하는 업무를 담당하기 때문에 보이지 않는 원가를 생각할 수 있어야 한다. 예를 들어 인사부에서 사람을 채용하고 교육을 시킨다고 하자.

이때 현업부서에서 요구한 대로 채용을 하게 되면 회사 전체로 보면 경영성과에 악영향을 줄 수 있다. 왜냐하면 직원 채용으로 발생하는 비용은 곧바로 경영성과와 직결되기 때문이다.

또 교육의 경우에도 막대한 예산이 투입되나 교육성과가 나지 않으면 투입된 교육비가 경영손실로 귀착될 수도 있다.

따라서 비제조부문에 종사하는 사람들은 자신의 업무가 회사의 원가를 높이는지 그렇지 않은지 항상 염두에 두고 업무에 임할 필요가 있다.

원가발생 부서별로
원가를 통제한다

"원가라는 것이 기업에서 차지하는 비중이 정말 큰 것 같습니다. 원가에는 일반관리비를 포함한 모든 비용이 포함되니까요. 따라서 이익을 늘리려면 원가를 줄여야 한다는 말이 이제 이해가 됩니다."

왕초보는 원가의 중요성을 뼈저리게 느꼈다.

"그런데 어떤 기업이라도 원가를 낮추려고 시도는 많이 하는데 그게 잘 안 되는 경우가 있는 것 같더군."

이절세 팀장이 말했다.

"아니, 왜 그렇다고 보십니까?"

"원가가 어디에서 발생되는지 그리고 어떤 원가를 절약할 수 있는지 아리송한 경우가 많아서 그런 것 같은데."

기업의 규모가 크든 작든 경영자들은 원가에 대해 자세히 알고 있어야 한다. 특히 원가를 절감하기 위해서는 원가가 어디에서 발생하는지를 정확히 이해할 필요가 있다. 원가관리가 제대로 되어야 기업의 이익이 증가하는 것은 당연하기 때문이다.

기업의 이익구조를 한번 살펴보자.

	이익	판매가격
판매관리비 / 영업외비용	총원가	
제조원가		

기업의 이익은 판매가격에서 총원가(제조원가와 판매관리비 등)를 차감해 계산한다. 따라서 이익을 늘리고자 한다면 판매가격을 높이거나 총원가를 줄이면 될 것이다. 하지만 판매가격은 외부의 수요량과 직결되므로 무한정 올릴 수 없다. 또 현실적으로 보면 신제품이 아닌 이상 판매가격은 경쟁사와 비슷하다. 따라서 판매가격이 어느 정도 고정된 상태에서는 총원가를 줄이는 것이 이익을 늘리는 최선책이 될 수 있다.

여기서 총원가는 제조원가와 비제조원가인 판매관리비 및 영업외비용을 말한다. 따라서 총원가를 줄인다는 말은 곧 제조원가와 판매관리비와 영업외비용을 줄인다는 것을 의미하기도 한다. 그렇다면 제조원가와 판매관리비 등의 발생원천이 어떻게 되는지를 살펴보고 각 부서별로 원가를 줄이는 방법을 알아보자.

구분	해당부서	원가발생	비고
매출액	영업부	매출할인액	
매출원가	구매부	자재비	
	생산부	노무비, 경비	
매출총이익	경영자	-	
판매관리비	경영지원부	인건비	
	영업부	판매촉진비	
	연구개발부	연구개발비	
영업이익	경영자	-	
영업외수익		-	
영업외비용	자금부	이자비용	
법인세차감전이익	경영자	-	

앞의 표를 보면 회사의 이익은 손익계산서 상의 여러 단계에 걸쳐 결정된다. 따라서 각 단계마다 원가절감을 해야 이익이 커지게 돼 있다. 그렇다면 구체적으로 어떻게 하는 것이 원가를 절감하는 길인가?

첫째, 매출액 부분을 보자.

영업부는 매출액을 책임지고 있다. 영업부는 회사의 판매 목표를 달성하기 위해 최선의 노력을 다한다. 그런데 이 과정에서 판매 목표를 달성하기 위해 영업비를 과도하게 사용하면 원가가 상승하게 된다. 원가 상승은 기업의 이익 측면에서 좋지 않은 영향을 준다.

예를 들어 판매 목표가 월 100대라고 하자. 그러면 영업부는 그 목표를 달성하기 위해 다양한 마케팅 수단을 동원할 것이다. 할인행사를 하거나 판매촉진비를 투입할 수도 있다.

그 결과 판매 목표는 달성할 수 있지만 이익을 내는 데는 해가 될 수 있다. 그래서 많은 기업들이 미리 할인범위나 판매촉진비 예산을 정해 놓고 영업을 진행하는 경우가 많다.

둘째, 매출원가 부분을 보자.

제조업이든 서비스업이든 매출액에 대응되는 매출원가가 기업 이익에서 차지하는 비중은 절대적이다. 매출원가가 매출액에서 차지하는 비중이 작을수록 기업 이익은 커질 가능성이 높기 때문이다. 따라서 모든 비용에서 이 매출원가를 우선적으로 줄이는 것이 매우 중요하다.

생산부의 경우, 노동의 질이나 작업 방법 등에 따라 생산원가가 달라지므로 생산공정 전후에 걸쳐 원가를 절감시킬 수 있는 방법들을 모색해야 한다. 그 밖에 제품개발부는 원가를 고려해 제품개발을 해야 하고, 구매부는 품질이 좋고 가격이 저렴한 자재를 구매할 수 있어야 한다. 이러한 노력이 모여야 생산원가가 낮아진다.

셋째, 판매관리비와 영업외비용 부분을 보자.

판매관리비는 일반관리직의 인건비, 감가상각비, 소모품비, 통신비, 건물임차료, 연구개발비 등 판매와 일반관리를 위해 들어간 제반비용을 말한다. 영업외비용은 주된 영업과 직접적인 관련 없이 발생하는 비용으로 대표적으로 이자비용이 있다.

구체적으로 판매관리비에서 원가가 발생된 형태를 보면 경영지원부와 영업부는 인건비가 큰 비중을 차지한다. 물론 생산에 관계없는 임원들의 인건비도 여기에 포함된다. 또한 일반관리와 영업을 위해 들어간 통신비, 판매촉진을 위해 들어간 광고비 등 각종 비용도 포함된다. 영업외비용에서는 자금부서가 조달하는 이자비용이 큰 몫을 차지한다.

따라서 이러한 비용들도 원가에 포함되므로 기업 이익을 늘리기 위해서는 이런 원가들을 줄일 수밖에 없다.

그렇다면 구체적으로 어떻게 해야 할까?

총무부의 경우에는 회사 자산이 부실화되지 않도록 할 필요가 있으며, 인사교육부서는 우수한 인재 발굴 및 적정인원을 유지하고 교육을 충실히 진행할 필요가 있다. 생산이나 영업을 담당하지 않는 경영지원부서는 고유의 업무를 개선시키는 것이 결과적으로 원가를 줄이는 길이 될 것이다.

한편 자금조달을 책임지는 자금부서는 자사에 맞는 자금조달방법을 늘 연구해야 할 것이다.

"어서 오십시오!"

업무태도도
원가에 영향을 준다

왕초보와 이절세가 휴식을 취하면서 차를 마시고 있다. 두 사람은 담소중에 기업의 목표가 최소의 투자로 최대의 이익을 올리는 데 생각을 같이 했다.

"결국 회사 내의 각 조직들이 하나로 똘똘 뭉쳐 이익을 극대화하는 것이 급선무이겠군요. 괜히 조직 간에 내가 잘났네, 네가 잘났네 할 필요가 없어요."

"왕초보, 그게 무슨 뜻이야?"

"아, 아닙니다. 제가 알고 있던 어떤 선배가 타 부서 사람과 업무 때문에 싸웠다고 해서요. 들어 보면 아무것도 아닌 것 같았는데요."

왕초보는 최근에 자신이 선배로부터 들은 얘기를 이 팀장에게 술술 말하기 시작했다.

왕초보의 학교 선배는 어떤 회사에서 기획팀 팀장을 맡고 있었다. 기획팀은 업무성격상 외근이 잦았다. 그런데 팀원들이 외근을 나갈 때마다 회사의 차량을 이용할 수가 없어 본인 차량을 이용해서 업무를 수행하곤 했다. 또 본인의 휴대폰을 업무적으로 많이 사용했다.

물론 본인의 소유차량을 이용하는 것에 대해 회사에서는 자가운전 보조금 20만 원을 지급했으나 오른 휘발유 값을 생각하면 부족하면 부족했지 결코 남는 것이 없었다. 그러다 보니 외근을 많이 하는 직원들의 불평이 쏟아지기 시작했다.

"회사업무를 위해 본인의 차량과 휴대폰을 사용하는데 이를 감안해 줘야 하지 않겠습니까?"

기획팀장은 당연히 보조금을 더 지급해야 한다고 생각하면서 기안서를 올려 결재를 받았다.

"앞으로 자가운전 보조금은 20만 원에서 30만 원으로 인상될 것입니다. 그리고 휴대폰 요금은 매월 5만 원씩 보조하겠습니다."

팀원들은 팀장의 능력을 다시 한 번 확인하는 순간이었다.

그럴 찰나 팀원 한 사람이 다음과 같은 다소 언짢은 얘기를 전달하지 않는가.

"팀장님, 경리팀 팀장이 자가운전 보조금 인상분과 휴대폰 요금 지급분에 대해 세금을 징수하겠답니다."

기획팀장은 회사업무를 위해 보조금을 지급한 것인데 여기에 세금을 징수하겠다는 경리팀장이 도저히 이해가 되지 않았다.

"팀장님, 팀장님은 세무서에서 나온 사람인가요? 회사업무를 위해 들어간 경비에 대해 세금을 징수하겠다고요?"

경리팀장은 한걸음도 물러설 기미를 보이지 않았다.

"법에 그렇게 나와 있습니다. 따라서 저는 법을 준수할 수밖에 없습니다."

"아니, 회사업무를 위해 들어간 돈인데 융통성 있게 처리해 주면 안 되겠습니까?"

"안 됩니다. 사장님이 말씀하셔도 안 되는 것은 안 됩니다. 나중에 문제가 되면 팀장님이 책임지지 않으실 것 아닙니까?"

기획팀장은 두 손 두 발 모두 다 들고 말았다. 하지만 그는 그 상황이 도저히 납득이 되지 않아 세무사인 친구에게 전화를 걸어 자초지종 얘기를 늘어놓았다.

그 세무사는 이렇게 말했다.

"현행 세법에서는 자가운전 보조금에 대해 20만 원까지는 비과세 근로소득으로 보나, 이를 초과한 10만 원은 과세소득으로 분류하는 것은 맞네. 다만, 실제 업무를 위해 지출된 개인 돈이 30만 원이라면 20만 원은 자가운전 보조금으로 처리하고 나머지는 실비로 정산하면 어떨까? 참 휴대폰 요금도 당연히 업무 관련 비용이므로 일정액 한도로 지급하면 근로소득으로 볼 수가 없네. 물론 이에 대해서는 지급규정이 있으면 되고."

기획팀장은 이에 대한 근거문서를 확보해 경리팀장에게 건넸다.

회사에서 일을 하다 보면 사소한 것으로 부딪치는 경우가 종종 발생한다. 부서이기주의에 빠져 부서들끼리 대립하는 경우도 있고 업무 협조가 제대로 되지 않아 일이 삐거덕거릴 때도 있다. 이럴 때 어떻게 해결해야 할까.

이럴 때는 회사 이익을 최우선적으로 생각해 봐야 한다. 즉 내가 하는 행동이 회사에 이익을 가져다줄지를 생각해 보자는 것이다. 이런 관점에서 보면 위 사례에서 경리팀장은 몇 가지 실수를 저질렀다.

첫째는 현행 세법 규정을 정확히 이해하지 못했다. 둘째는 현업의 애로점을 정확히 이해하지 못했고 이를 해결할 자세도 갖추지 못했다.

상식적으로 생각해 봐도 회사업무로 개인이 지출한 비용은 회사의 비용이지 절대 개인의 소득이 아니다. 따라서 그 금액이 크든 작든 상관없이 개인의 소득으로 처리하면 안 된다. 현행 세법도 마찬가지다. 휴대폰 요금을 지급한다고 해서 이를 개인의 소득으로 보겠다는 문구는 어디에도 없다. 그럼에도 불구하고 이런 사실을 모르고 일을 추진하는 것은 회사의 이익을 생각하지 못한 처사다. 지원부서란 일선에서 뛰는 직원들이 효율적으로 일할 수 있도록 애로점을 개선해 주어야 한다. 그런데 애로점을 개선해 주기는커녕 오히려 잘못된 정보로 불필요한 갈등을 야기하고 있다. 이런 행위는 눈에 보이지 않는 원가를 발생시킨다.

현실적으로 이러한 유형의 다툼이 아니더라도 여러 가지 사유에 의해 불필요한 갈등이 일어날 수 있다. 따라서 경영자든 아니든 한 조직에 몸담고 있는 사람들은 조직 간의 이해 그리고 경영과의 관계를 스스로 파악할 수 있어야 한다. 불필요한 원가를 발생시키지 않으려면 말이다.

원가는 눈에 보이는 원가와 보이지 않는 원가로 나눠 볼 수 있다. 눈에 보이는 원가는 돈으로 지출되는 것이라면 보이지 않는 원가는 일하는 방법이 잘못됐거나 업무를 비효율적으로 할 때 발생하는 것이라고 할 수 있다.

따라서 기업이 잘 되기 위해서는 눈에 보이든 보이지 않든 원가관리를 잘할 필요가 있다.

예를 들면 직장 내에서 자주 개최되는 회의도 원가개념에 비추어 보면 비능률적으로 개최돼서는 안 된다. 회의가 진행되는 동안에도 급여나 기타의 원가가 발생하기 때문이다. 따라서 회의는 가장 효율적인 방법으로 할 필요가 있다.

그 밖에 일하는 방법을 개선하면 생산성이 올라가므로 원가를 줄이는 역할을 한다. 결국 전 사원이 이런 원가 마인드를 유지한다면 해당기업의 손익계산서 상의 이익은 가시적으로 늘어날 가능성이 높다.

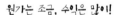

원가정보는 재무제표에
어떻게 반영되는가

이절세 팀장은 원가개념은 물론 원가구조 등에 대해서도 대략적으로 이해할 수 있었다. 하지만 이러한 원가정보가 재무제표에 어떤 식으로 반영되는지 매우 궁금하였다. 그래서 혼자 곰곰이 생각을 해보았다.

'음, 기업이 지출한 돈들은 모두 원가에 해당하겠지. 하지만 이 원가들은 회계처리 방법이 다를 수밖에 없을 거야. 재무회계에서는 수익에 대응되는 비용만 당기 손익계산서에 넣도록 하고 있으니 돈이 투입됐다고 하더라도 모두 비용으로 처리할 수는 없겠지.'

이절세 팀장은 생각 끝에 지출한 원가 중 기업 내부에 남아 있는 원가는 대차대조표 상의 재고자산으로, 기타의 원가는 손익계산서 상의 매출원가나 판매관리비로 정리하면 그뿐이라고 결론을 내렸다.

과연 이 팀장의 생각은 맞는 걸까?

이 팀장이 생각했던 내용을 제조기업과 상기업의 경우를 예로 들어 살펴보자.

〈제조기업의 경우〉

<u>현금지출</u>   <u>대차대조표</u>   <u>손익계산서</u>

원재료 매입 ┐ 원재료 재고

노무비 투입 ┼ ······· 재공품 재고 ······· 제품재고 ······· 매출원가

경비 투입 ┘

판매관리비 투입 ·· 판매관리비

〈상기업의 경우〉

<u>현금지출</u>   <u>대차대조표</u>   <u>손익계산서</u>

상품 매입 ························· 상품재고 ························· 매출원가

판매관리비 투입 ··· 판매관리비

위의 그림은 현금으로 지출된 원가의 일부는 재고자산으로 그리고 나머지는 매출원가나 판매관리비로 변하는 과정을 보여 주고 있다. 구체적인 내용은 아래의 사례를 통해 알아보자.

예를 들어 상품을 구입해 파는 OO기업의 회계자료가 다음과 같다고 하자.

〈재고자료〉

기초상품재고액 1,000,000원(@100,000원×10개)

당기에 매입한 상품액 5,000,000원(@100,000원×50개)

기말상품재고액 2,000,000원(@100,000원×20개)

〈기타비용 자료〉

판매수당 1,000,000원 지급

판매촉진비 500,000원 지급

앞의 회계자료를 바탕으로 원가 흐름을 정리해 보면 다음과 같다.

현금지출	대차대조표	손익계산서
상품 매입 ······················· 상품재고 ······················· 매출원가		
5,000,000원	2,000,000원	4,000,000원
판매관리비 투입 ··· 판매관리비		
1,500,000원		1,500,000원

이를 대차대조표와 손익계산서로 나타내면 다음과 같다.

대차대조표	손익계산서	
재고자산	매출액	?
｜상품재고액 2,000,000원	매출원가	4,000,000원
	｜기초상품재고액	1,000,000원
	｜당기상품매입액	5,000,000원
	｜기말상품재고액	2,000,000원
	매출총이익	?
	판매관리비	1,500,000원
	｜판매수당	1,000,000원
	｜판매촉진비	500,000원
	영업이익	?

그런데 위의 OO기업이 상기업이 아니라 제조기업이라면 이 내용은 다소 복잡해진다. OO기업이 상기업이면 외부로부터 구입한 물건 자체가 바로 원가를 형성해, 팔린 것은 손익계산서의 매출원가(비용)로 정리되고 팔리지 않은 것은 대차대조표의 재고자산으로 정리하면 그뿐이다.

그런데 제조기업은 제조과정이 있기 때문에 앞의 상기업이나 서비스업보다는 물건의 원가를 도출하는 과정이 복잡할 수밖에 없다. 똑같은 물건이라도 물건을 구입해 파는 기업은 외부에서 그 가격을 결정해주었으나, 자체적으로 제작하는 기업은 그 기업이 스스로 원가를 정해야 하기 때문이다.

문제는 제조기업은 생산공정이 있기 때문에 물건의 원가를 정확히 파악하기가 힘들다는 것이다. 예를 들어 앞의 OO기업이 금형을 생산해 판매하는 기업인데, 다음과 같이 생산했다고 하자.

자재구입	생산시작	제품생산
철판 5,000,000원	철판 3,000,000원 투입	금형 5개 완성
	노무비 1,900,000원 투입	
	전력비 등 100,000원 투입	
	계 5,000,000원	

이 기업은 금형 5개를 생산해 이를 외부에 판매한다. 그렇다면 이 금형의 원가는 얼마로 책정해야 하는가?

현금으로 지출된 돈을 모두 제품의 원가로 볼 것인가?

그렇지 않을 것이다. 만일 투입된 돈을 기준으로 하면 이 금형의 원가는 왜곡되게 되며 그렇게 되면 판매가격도 왜곡이 될 것이다. 따라서 생산에 투입된 것을 기준으로 완성품 원가를 구해야 한다. 앞의 예에서는 모두 500만 원의 원가가 투입돼 완성품 5개가 생산됐으므로 1개당 원가는 100만 원이 된다(단, 기초 및 기말 재공품은 없다고 가정). 만일 지출된 원가를 기준으로 하면 1개당 원가는 120만 원이 된다. 철판 구입비 500만 원과 기타 원가 200만 원을 더한 700만 원을 5개로 나눠 계산하면 이 금액이 나온다.

완성품의 제조원가를 구하는 것은 매우 까다로운 작업에 해당한다. 그래서 제조과정이 있는 기업들은 제품원가계산을 위해 많은 노력을 기울일 수밖에 없다.

실무적으로 '원가'의 개념이 많이 강조되는 곳은 바로 제조과정이 있는 기업이다(제조업의 원가계산 방법은 158쪽을 참조).

신제품 가격
정하는 방법

이절세 팀장은 원가계산 과정을 이해하고는 매우 흡족해했다. 이제야 손익계산서 상의 매출원가 과정이 피부로 와닿았기 때문이다.

"그런데 재무제표 작성을 위해 원가계산을 하는 것은 이해가 되지만 경영이나 관리 측면에서 원가정보가 필요한 이유를 모르겠어."

이 팀장은 기업 내부관리를 하는 데 원가정보가 필요하다는 아내 야무진의 말을 듣고 이에 대한 내용이 궁금해졌다.

"앞에서 본 원가도 경영 의사결정을 위해 사용되지. 예를 들어 기업이 제조한 제품에 대한 가격을 결정한다고 하자구. 이 기업은 제조에 들어간 원가와 판매관리비를 포함한 총원가에 적절한 마진을 붙여 소비자가격을 정하겠지. 결국 제품원가계산을 위한 원가정보도 이렇게 경영 의사결정에 사용되고 있어."

이 팀장이 궁금해하는 내용을 좀 더 자세히 살펴보자.

기업이 재료비와 노무비 등을 투입해 만든 제품을 외부에 판매할 때 대부분 제품별로 제조원가를 구하고 판매관리비 등을 고려해 소비자가격을 정한다.

이 소비자가격은 외부의 수요에 직접적인 영향을 주는 요소로서 대충 정할 일이 아니다. 제품이 신제품인 경우 더더욱 그렇다. 물론 이미 유사한 제품이 시장에 유통되고 있는 경우에는 시장가격이 이미 형성돼 있기 때문에 후발업체는 별 어려움 없이 가격을 정할 수 있다.

그렇다면 이 소비자가격은 구체적으로 어떻게 정해질까?

많은 기업들은 해당 제품의 개당 제조원가를 구하고 여기에 판매관리비나 금융비용 등 기업이 부담하는 비용을 더하고 마진을 붙여 가격을 산정하고 있다.

다음 사례를 살펴보자.

컴퓨터 제조회사 OO기업은 이번에 노트북 신제품을 개발했다. 해당 월의 완성품 원가는 약 10억 원(그중 고정비는 3억 원, 변동비는 7억 원)이 소요됐고, 완성품은 모두 800대를 생산했다. 현재 이 기업은 데스크탑 컴퓨터도 생산하고 있는데 월 생산량은 1,000대를 기록하고 있다. 현재 이 기업의 데스크탑 컴퓨터는 100만 원이 대당 제조원가이며 제조원가의 20%를 판매관리비로, 10%를 마진으로 하여 132만 원에 판매하고 있다.

그렇다면 이 기업은 노트북 컴퓨터에 대한 판매가격을 어떻게 정해야 하는가?

앞의 데스크탑 컴퓨터의 가격 결정방식으로 노트북의 가격을 결정해 보자.

완성품 제조원가	총원가	이윤	세전 소비자가격
• 고정비: 3억 원	제조원가의 120%	총원가의 10%	?
• 변동비: 7억 원			
• 계 : 10억 원			

〈생산량 : 800대〉

개당 생산원가:	개당 총원가:	개당 이윤	개당 판매가격
1,250,000원	1,500,000원	150,000원	1,650,000원
(10억 원÷800대)	(1,250,000원×1.2)	(1,500,000원×10%)	(1,500,000원×1.1)

이상의 내용을 보면 800대를 생산하기 위해 들어간 제조원가는 개당 125만 원임을 알 수 있다. 또한 개당 총원가는 개당 생산원가의 120%인 150만 원 그리고 순차적으로 개당 판매가격은 165만 원임을 알 수 있다. 물론 실무적으로는 판매나 생산수량의 변화에 따라 원가가 달라지므로 판매가격이 달라질 수 있다. 따라서 생산량이나 판매량에 따른 원가변화를 시뮬레이션을 통해 예측하면 적정가격을 정할 수 있다.

참고로 신제품의 가격을 결정할 때 유의해야 할 점이 하나 있다. 고정비 중에는 기존제품에만 배부되던 것이 신제품에도 배부될 수가 있는데, 이렇게 되면 기존제품의 원가가 변하고 궁극적으로 다른 제품가격에도 영향을 주게 된다. 예를 들어 공장장의 급여는 기존제품의 원가로 취급돼 기존제품의 가격에만 영향을 주었지만, 신제품이 개발됐다면 신제품에도 공장장의 급여가 일부 배부될 필요가 있다. 그 결과 기존제품의 원가가 낮아지게 된다. 이런 부분도 가격정책에 반영돼야 할 것이다.

　이처럼 재무회계 상의 원가는 정확한 손익계산과 정확한 대차대조표 표시를 위해 존재한다면, 관리회계 상의 원가는 경영 의사결정을 위해 존재한다고 할 수 있다.

원가를 알면 경영 의사결정을 내리기가 쉽다.

원가배분을 잘못하면
판매가격이 잘못 책정된다

제품원가계산을 하거나 원가정보를 바탕으로 의사결정을 내릴 때 공통비 배부에 유의할 필요가 있다. 원가배분이 잘못되면 제품가격이나 의사결정을 내릴 때 문제가 발생하기 때문이다.

예를 들어 다음과 같이 각 제품이 판매된다고 하자.

	A제품	B제품	C제품
매출액	1억 원	2억 원	3억 원
(판매단가)	(@ 100만 원)	(@ 150만 원)	(@ 200만 원)
(판매량)	(100개)	(133개)	(150개)
매출원가	7,000만 원	1억 5,000만 원	2억 7,000만 원
매출총이익	3,000만 원	5,000만 원	3,000만 원
(개당 이익)	(300,000원)	(375,940원)	(200,000원)
매출액 총이익률	30%	25%	10%

A제품 1개를 팔면 30만 원, B제품 1개를 팔면 37만 5,940원, C제품을 팔면 20만 원이 남는다.

그렇다면 이 세 가지 제품 중 어느 제품을 집중적으로 마케팅할 것인가?

이런 상황이라면 B제품을 A나 C제품보다 우선적으로 판매할 가능성이 높다. 왜냐하면 B제품의 개당 이익이 제일 크기 때문이다. 다만, B제품을 선택하기 전에 한 가지 점검해야 할 것이 있다. 그것은 바로 매출원가가 제대로 계상이 됐는지이다. 이를 좀 더 구체적으로 살펴보자.

먼저 매출원가는 다음과 같은 절차를 거쳐 계산된다.

　　기초제품재고액

　+ 당기제품제조원가

　- 기말제품재고액

　= 매출원가

또 위의 식에서 당기제품제조원가는 다음과 같은 절차를 거쳐 계산된다.

　　기초재공품재고액

　+ 재료비, 노무비, 경비사용액

　- 기말재공품재고액

　= 당기제품제조원가

그런데 제조공정에 투입되는 재료비나 노무비 또는 각종 제조경비들에는 앞의 제품별로 직접 대응되지 않는 원가가 있다. 예를 들어 공장장의 급여, 공장 전기세 등은 A에서 C제품까지의 생산에 모두 관계있는 원가다. 따라서 이렇게 발생한 원가는 배분할 수밖에 없다. 그렇다면 어떤 기준으로 이들을 배분한다는 말인가?

실무적으로 원가를 발생시킨 원인을 추적해 원가배분을 실시하는 것이 원칙이다. 예를 들어 어떤 재료비가 A제품 때문에 발생했다면 A제품에 원가를 대응시킨다는 것이다. 하지만 전기세처럼 발생 원인을 추적하기 힘든 원가는 합리적인 배분방법을 통해 인위적으로 배분할 수밖에 없다. 이의 기준으로 부담능력기준(매출액이나 순이익)이나 수혜기준(사용량) 등이 있다. 부담능력기준으로 하면 전기세는 매출액이 가장 큰 C제품에 많이 배부될 것이다.

그런데 이러한 원가배분방법은 앞과 같은 사례에서 의사결정을 왜곡시킬 수 있다. 잘못된 원가배분기준에 의해 또는 담당자 등의 실수로 인해 C제품에 많은 원가가 배분됐을 수도 있기 때문이다.

제조기업에서 공통비 배부 문제는 아주 중요하다. 만약 배부가 잘못되면 물건이 실제 값보다 싸게 팔릴 수 있고 싸게 팔아야 할 것들을 비싸게 팔아 가격 경쟁력을 잃을 수 있기 때문이다. 따라서 원가절감도 중요하지만 원가배분을 잘 해서 가격을 잘 책정하는 것도 중요하다.

한편, 원가배부는 원가책임의 소재를 밝히는 데도 중요하다. 예를 들어 어떤 기업이 부문별로 사업부 평가를 한다고 하자. 이러면 각 사업부를 맡고 있는 임직원들은 자신들의 부문에서 발생하는 원가만을 책임지려 할 것이다. 그런데 원가배분이 잘못됐다면 이런 사업부 평가도 제대로 되지 않을 뿐더러 그 제도에 대한 실효성이 문제가 될 수 있다.

이처럼 기업을 경영하는 데 원가배분은 아주 중요하므로 경영자나 실무자는 각별한 관심을 가져야 한다.

한 푼의 돈도 새어 나가지 않게.

제조업의
제품원가계산 방법

　이절세 팀장은 이 참에 제조업은 원가를 어떻게 집계를 하는지 자세히 알아보기로 했다.

　"무진 씨, 원가계산은 어떻게 하는지 궁금해. 설명 좀 해 주면 안 되겠어?"

　"여보, 원가계산은 기업 규모가 크면 클수록 매우 복잡해. 그리고 내가 설명한다고 해서 이해가 되지 않을 수도 있을 거야. 차라리 내가 자료를 통해 질문을 해 볼 테니까 한번 이해해 봐."

　야무진은 이절세 팀장에게 다음과 같은 자료를 주었다.

---

① 원재료 현황
　- 기초 보유액: 3,000,000원
　- 당기 매입액: 10,000,000원

- 기말 보유액: 5,000,000원

② 노무비와 경비지급액

- 노무비: 5,000,000원

- 공장 전력비와 수도료 등: 1,000,000원

③ 재공품 현황

- 기초재공품액: 5,000,000원

- 기말재공품액: 6,000,000원

④ 제품 현황

- 기초제품재고액: 5,000,000원

- 기말제품재고액: 3,000,000원

⑤ 판매현황 등

매출액: 30,000,000원

판매관리비: 인건비 등 10,000,000원

Q1 | 제품을 제조하는 데 들어간 원가는 얼마인가?

A | 물건을 제조하는 데 들어간 원가는 크게 재료비와 노무비 그리고 제조간접비인 경비가 해당한다. 그런데 재료비 사용금액은 다음과 같은 방식을 거쳐 사용액을 추정해야 한다. 그 사용액만이 생산에 투입됐기 때문이다. 기초에 보유하고 있는 재료와 당기에 매입한 재료 합계액에서 기말에 남은 것을 빼면 사용액을 알 수 있다.

① 재료비 사용액 = 기초원재료재고액(3,000,000원) + 당기원재료매입액
(10,000,000원) - 기말원재료재고액(5,000,000원) = 8,000,000원

② 노무비투입액 = 5,000,000원

③ 경비투입액 = 1,000,000원

④ 계 = 14,000,000원

Q2 | 제품(물건)의 제조원가는 얼마인가?

A | 제품 제조원가는 말 그대로 완성품을 제조하는 데 들어간 원가를 말한다. 이 원가를 정확히 파악해야 개당 원가를 정확히 알 수 있다. 이는 다음과 같은 과정을 거쳐 파악할 수 있다. 즉 당기제품제조원가는 기초공정에 걸쳐 있는 것 (이를 기초재공품재고라고 한다)을 화폐가치로 평가한 금액과 당기제조원가의 합계액에서 기말재공품재고액을 차감한 금액이라고 할 수 있다.

당기제품제조원가 = 기초재공품재고액(5,000,000원) + 당기제조원가 (14,000,000원, Q1) – 기초재공품재고액(6,000,000원) = 13,000,000원

앞의 내용들을 그림으로 표현하면 다음과 같다.

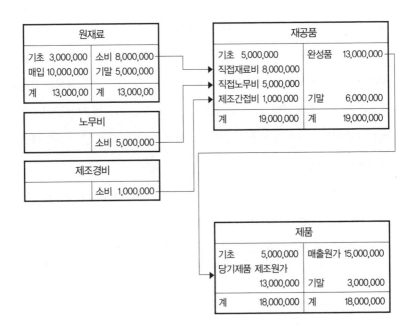

Q3 │ 손익계산서를 작성해 보라.

A │ 손익계산서는 당기에 발생한 수익과 비용을 회계기준에 따라 자리 배치를 하는 것에 불과하다. 그런데 손익계산서 상의 매출원가는 기초제품재고액과 당기제품제조원가의 합계액에서 기말제품재고액을 차감해 구한다. 기업은 이 원가에 보통 마진을 붙여 외부에 판매(매출)를 하는 것이다.

(단위 : 원)

구분	금액		비고
매출액		30,000,000	자료가정
매출원가		15,000,000	
기초제품재고액	5,000,000		자료가정
당기제품제조원가	13,000,000		제조원가명세서(Q2)
기말제품재고액	3,000,000		자료가정
매출총이익		15,000,000	
판매관리비		10,000,000	
인건비 등	10,000,000		자료가정
영업이익		5,000,000	

Q4 │ 기말 대차대조표 재고자산의 잔액은 어떻게 표시가 되나?

A │ 이렇게 전기에 이월된 원가와 당기에 투입된 원가 중 당기에 팔려 나간 것들은 모두 손익계산서 상 비용으로 처리가 된다. 따라서 현재 기업 내부에 남아 있는 재고들을 계정과목별로 살펴보면 다음과 같다.

참고로 다음 표 안의 재고들은 다음 사업연도의 기초재고로서 위와 같은 과정을 다시 거침으로써 다음연도의 원가에 영향을 미치게 된다.

자산	부채
유동자산	
재고자산　　　14,000,000	
원재료 5,000,000(Q1)	자본
재공품 6,000,000(Q2)	
제품　3,000,000(Q3)	
자산 계	부채와 자본 계

Tip **원가계산 방법의 분류**

실무에서 원가계산을 하는 것이 매우 복잡할 수 있다. 각 회사마다 생산 형태가 다르거나 원가를 집계하는 시스템이 다르기 때문이다. 참고로 관리회계에서는 다음과 같이 원가계산 방법을 분류하고 있다. 예를 들어 정유업, 섬유업, 자동차, 제조업 등 동종의 제품을 연속적으로 생산하는 기업은 종합원가계산을 하지만, 여러 가지 제품을 개별주문 등의 형태로 생산하는 조선업이나 건설업 등 개별원가계산제도가 적절하다. 구체적인 내용은 원가회계 관련 책을 통해 알아보도록 하자.

생산형태에 따른 분류	집계되는 원가단위에 따른 분류	원가의 구성요소에 따른 분류
개별원가계산	실제원가계산 평준화원가계산	전부원가계산
종합원가계산	표준원가계산	변동원가계산

한편 원가계산 방법은 다음과 같이 원가를 집계하는 방법을 기준으로 하여 분류할 수도 있다.

원가요소	실제원가계산	평준화원가계산	표준원가계산
직접재료원가	실제	실제	표준
직접노무원가	실제	실제	표준
제조간접원가	실제	예산(표준)	표준

한편 전부원가계산은 제조간접원가 중 변동제조간접원가와 고정제조간접원가를 모두 제품제조원가로 보는 반면, 변동원가계산은 고정제조간접원가를 제품제조원가로 보지 않고 판매관리비 등으로 보는 방법을 말한다.

원가계산은 쉬운 일이 아니야.

서비스업의
원가계산 방법

　　이절세 팀장은 야무진에게 배운 원가 개념 등을 왕초보에게 알려 주
었다.

　　"제조업은 공장이 있기 때문에 그렇게 제품원가를 계산하고 판매된
것만 매출원가로 잡는다는 것이 이해가 되는데요, 서비스업은 어떻게
계산합니까?"

　　"음, 우리 왕초보는 항상 많은 것을 물어보는구나."

　　이절세 팀장은 호기심 많은 왕초보의 질문에 약간 당황한 기색을 보
였다. 하지만 그동안 축적한 지식만으로도 왕초보의 질문을 해결할 수
있을 것 같았다.

　　"왕초보, 지금까지 보아 온 서비스업 손익계산서 상의 영업이익은
어떤 식으로 작성이 돼 있었지?"

　　"그야 매출액에서 바로 판매관리비를 빼서 영업이익을 구한 경우도

있었고, 매출액에서 매출원가를 뺀 경우도 있었습니다."

"바로 그거야. 서비스업은 매출원가를 표시하지 않아도 되므로 원가를 따로 뽑을 필요가 없지."

"팀장님, 그래도 어떤 프로젝트를 진행하기 위해 들어간 원가는 따로 표시하는 것이 좋지 않을까요?"

"물론 그런 경우에는 그렇게 하는 것이 좋겠지."

서비스업을 영위하고 있는 회사가 기존 상품 외에 다른 상품을 개발했다고 하자. 물론 이때의 상품은 유형의 상품이 아니라 무형의 상품이라고 하자. 이 경우 각 상품에 직접 들어간 원가와 각 상품에 공통적으로 발생한 비용은 다음과 같이 구별할 수 있을 것이다.

구분	A상품	B상품
직접비	×××	×××
공통비	×××	×××

즉 A상품의 원가에는 A상품 직접비와 공통비의 일부가, B상품의 원가에는 B상품 직접비와 공통비의 일부가 포함된다.

이렇게 원가를 분류하는 것은 프로젝트가 많은 기업에서 유용성이 높다. 예를 들어 한 기업 내에서 여러 가지 프로젝트가 진행되는 경우 프로젝트별로 직접비를 집계하고 공통비는 일정한 배부기준에 의해 배부하면 프로젝트별 이익을 계산할 수 있다. 그 밖에도 프로젝트별 수익성분석이나 원가분석 등을 수시로 진행하여 향후 프로젝트의 수행

업무나 개인이나 조직의 성과평가 등에도 많은 도움을 받을 수 있다.

사례를 들어 서비스업의 원가와 재무제표 표시방법을 알아보자.

사례 ··

(주)콘텐츠는 새로운 상품개발을 위해 다음과 같이 지출을 했다.

- 인건비: 50,000,000원
- 샘플제작비: 20,000,000원
- 지급수수료: 20,000,000원
- 기타 직접비: 10,000,000원

  계 100,000,000원

그 밖에 회사운영비 등 공통비가 1억 원 발생했다. 이 금액은 기존 상품에 7,000만 원, 신상품에 3,000만 원이 배부됐다.

(단위 : 원)

구분		기존상품	신상품
매출액		500,000,000(가정)	-
비용	직접비	200,000,000(가정)	100,000,000
	공통비 배부	70,000,000	30,000,000
	계	270,000,000	130,000,000

이와 같은 자료를 바탕으로 경영관리 상 손익과 재무회계 상 손익표시를 하면 다음과 같다.

〈경영관리 상 손익〉

(단위 : 원)

구분		기존상품	신상품	계
매출액		500,000,000	-	500,000,000
비용	직접비	200,000,000	100,000,000	300,000,000
	공통비 배부	70,000,000	30,000,000	100,000,000
	계	270,000,000	130,000,000	400,000,000
프로젝트 이익		230,000,000	△130,000,000	100,000,000

〈재무회계 상 손익〉

① 직접비를 매출원가로 표시하는 방법

(단위 : 원)

구분	기존상품	신상품	계
매출액	500,000,000	-	500,000,000
매출원가	200,000,000	-	200,000,000
매출총이익	300,000,000		300,000,000
판매관리비	70,000,000	130,000,000*	100,000,000
영업이익	230,000,000	△130,000,000	100,000,000

* 신상품에 들어간 인건비, 연구개발비 등은 매출원가가 아닌 당기비용으로 처리된다(단, 개발비 인식조건에 합당하면 무형자산으로도 계상가능하다).

② 직접비를 판매관리비로 표시하는 방법

(단위 : 원)

구분	기존상품	신상품	계
매출액	500,000,000	-	500,000,000
판매관리비	270,000,000	130,000,000*	100,000,000
영업이익	230,000,000	△130,000,000	100,000,000

* 참고로 현행 기업회계기준에 의하면 제조업, 도 · 소매업, 건설업을 제외한 업종은 매출원가 표시를 생략할 수 있도록 하고 있다. 따라서 회사 편의에 따라 앞의 방법들 중 하나를 선택할 수 있다.

5

신입사원 왕초보,
기획서에 손익분기점 분석을 반영하다

고정비와 변동비는
무엇인가

"팀장님, 사업을 잘하려면 비용을 고정비와 변동비로 잘 나누는 것이 필요하다고 하네요?"

왕초보가 경제신문에 난 기사를 보여 주면서 이절세 팀장과 대화를 나누고 있다.

"그래? 근데 왜 비용을 나누지?"

"이 기사를 읽어 보니까 고정비는 매출액과 상관없이 발생하는 비용이므로 투자 시 과잉투자가 되지 않도록 주의하라는 뜻이 담겨 있는 것 같습니다."

이절세 팀장은 비용을 고정비와 변동비로 나눈다는 말이 선뜻 이해가 되지 않았다. 그래서 아내 야무진에게 다짜고짜 질문을 던지기 시작했다.

"비용은 고정비와 변동비로 나눌 수 있다며? 왜? 어떻게?"

"여보, 하나하나씩 물어봐. 숨넘어가겠다."

　우리는 앞의 대부분을 재무제표를 공부하는 데 맞췄다. 그리고 이러한 재무제표는 재무회계의 범주에 속해 경영의 결과를 사후적으로 정리한 것에 불과함을 알았다. 물론 이러한 재무제표는 외부에 객관성 있는 정보 형태로 제공돼야 하기 때문에 기업회계기준에 따라 작성될 필요가 있다. 따라서 판매관리비나 제조원가 등의 비용을 어느 기간에 인식할 것인지 정도만 회계기준에 맞추면 하등 문제가 없다.

　그래서 비용을 고정비와 변동비로 나눈 것은 앞의 재무제표와는 관계없는 것이다. 이는 내부의 경영 목적으로만 이용되기 때문이다.

　현실적으로 많은 기업들이 외부에 제공되는 재무제표를 통일적인 기준에 맞춰 작성하고 내부적으로는 각 기업의 실정에 맞는 경영관리 방법들을 개발해 사용하고 있다. 또 굳이 비용을 이렇게 쪼개지 않고서도 다른 기법을 동원해 훨씬 더 나은 경영관리를 수행하는 기업도 많다.

　그럼에도 불구하고 왜 굳이 비용을 쪼개는 것일까?

　이는 내부 경영관리 측면에서 다양한 도움을 받기 위해서다. 예를 들어 비용을 쪼갠 정보는 매출이 변하면 이익이 어떻게 변하는지, 광고선전비 100억 원을 투입한다면 얼마만큼의 판매량이 늘어나야 하는지 등을 알 수 있게 해 준다. 그 밖에도 판매계획이나 신제품가격 결정 등에도 도움을 준다.

　특히 활용도가 높은 손익분기점 분석을 위해서는 비용을 반드시 고정비와 변동비를 나누어야 한다. 이 분석은 손익분기점의 매출액을 구하기 위한 것으로서 경영에 다양하게 활용된다. 이에 대해서는 잠시 뒤에 자세히 설명하겠다.

그렇다면 고정비는 뭐고 변동비는 뭘까?

일단 고정비용은 매출액의 크기와 관계없이 확정적으로 발생하나 변동비는 매출액의 크기에 따라 달라지는 비용이라고 할 수 있다. 이를 그림으로 표시하면 다음과 같다.

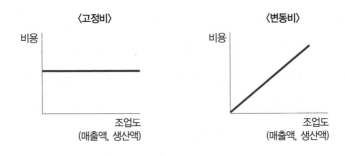

위 그림을 보면 고정비는 매출액과 상관없이 일정하게 발생하며, 변동비는 매출액에 따라 비례적으로 증가하고 있다.

고정비에는 감가상각비, 인건비, 임차료, 광고비, 시험연구비 등이 있다. 변동비에는 원재료비, 동력비, 판매비, 운반비 등이 있다.

감가상각비는 건물이나 기계장치 그리고 비품 등 유형자산의 매년 상각액을 측정해서 나온 비용이므로 고정비 성격을 띤다. 인건비는 생산이나 판매와 상관없이 고정적으로 발생하면 당연히 고정비 성격에 해당한다. 하지만 생산이나 판매실적에 따라 지급되는 성격의 인건비 부분은 다분히 변동비 성격에 해당한다.

따라서 실무적으로는 각 비용항목이 어떤 성격을 가지고 있는지 사전에 이를 파악할 필요가 있다.

경영관리 목적용 손익계산서는
어디에 사용하나

"무진 씨, 이렇게 고정비와 변동비로 나누면 어떤 식으로 정리가 되지? 우리가 지금까지 배운 것은 대차대조표, 손익계산서, 현금흐름표 정도였는데."

이절세와 야무진이 계속 대화를 나누고 있었다.

"이렇게 나눈 것은 내부 경영관리용으로 사용하는 목적이기 때문에 회계기준처럼 별도의 정리기준이 있을 수는 없어. 하지만 경영관리 목적 상으로 손익계산서를 만들 수도 있지."

"어떻게?"

이절세는 의아한 표정을 지으며 야무진을 뚫어지게 쳐다보고 있었다.

내부관리 목적 상, 즉 관리회계 상의 손익계산서의 형태를 재무회계 상의 그것과 비교해 보자. 다만, 편의상 영업이익 수준까지만 표시한다.

참고로 관리회계 상의 손익계산서를 변동손익계산서라고도 한다.

(단위 : 백만 원)

재무회계 상 손익계산서		관리회계 상 손익계산서 (= 변동손익계산서)		
과목	금액	과목		금액
매출액	1,000	매출액		1,000
- 매출원가	600	- 변동비		600
= 매출총이익	400	매출원가	500	
- 판매관리비	200	판매관리비	100	
= 영업이익	200	= 공헌 이익		400
		- 고정비		200
		매출원가	100	
		판매관리비	100	
		= 영업이익		200

재무회계 상 손익계산서는 매출액에서 매출원가를 차감해 매출총이익을 구하고 판매관리비를 차감해 영업이익을 산출한다.

그런데 관리회계 상의 손익계산서(변동손익계산서)는 특이하게 매출액에서 변동비를 차감해서 공헌이익을 구하고 여기에서 고정비를 차감해 영업이익을 산출한다. 물론 영업이익은 둘 다 같다.

그렇다면 이렇게 구분한 실익은 무엇일까?

첫째, 위의 변동손익계산서 상의 공헌이익(또는 한계이익)을 먼저 이해해 보자.

여기서 공헌이익은 매출액에서 변동비를 차감한 이익이다. 공헌이익이란 이름은 고정비를 회수하는 데 공헌해야 한다는 의미에서 붙여졌다. 다시 말하면 매출액에서 매출액에 따라 발생하는 변동비를 차감한 이익으로, 고정비를 회수해야 이익이 발생한다는 의미를 담고 있다. 공헌이익에 대한 정보는 기업 전체의 이익계획, 고정비계획, 예산 편성 등을 할 때에 도움을 준다.

둘째, 매출액이 10%가 감소하면 이익은 얼마나 감소하는지 알아보자. 기업의 매출 목표는 생각대로 잘 달성되지 않는다. 따라서 매출이 변하면 이익이 어떻게 변할지를 알아야 제대로 의사결정을 내릴 수 있는데, 재무회계에서는 이러한 욕구를 충족시켜주지 못한다. 하지만 관리회계에서는 다음과 같은 방식으로 이에 대한 답을 준다.

(단위 : 백만 원)

당초 변동손익계산서			매출액 10% 감소 시 변동손익계산서	
과목	금액	구성비	금액	구성비
매출액	1,000	100%	900	100%
- 변동비	600	60%	540	60%
매출원가	500			
판매관리비	100			
= 공헌이익	400	40%	360	40%
- 고정비	200	20%	200	22.2%
매출원가	100			
판매관리비	100			
= 영업이익	200	20%	160	17.8%

표를 보면 매출이 10% 떨어졌을 때 변동비율[(변동비/매출액)×100]은 변함없이 60%를 유지하고 있다. 물론 공헌이익률[(공헌이익/매출액)×100]도 변함이 없다. 그런데 고정비의 구성비는 당초보다 증가한 것으로 나타났다. 그 이유는 매출액이 감소함에도 불구하고 고정비는 그 상태를 유지하기 때문이다. 결국 매출이 감소하면 변동비는 감소하나,

고정비는 불변이므로 영업이익은 감소한다.

이 사례에서 매출액이 10%(1억 원) 감소한다면 영업이익은 4,000만 원(감소율 20%) 감소한다.

셋째, 이런 손익계산서를 이용해 영업이익이 '0원'인 매출액 또는 영업이익이 '5억 원'인 매출액 수준을 알아낼 수 있다. 만일 기업의 목표가 영업이익 '5억 원'으로 결정됐다면 판매계획을 구체적으로 세워 이를 실행할 수 있을 것이다. 이런 과정을 손익계산서 형태로 이해해 보자. 다만, 이 목표이익을 달성하는 데 추가로 투입되는 고정비는 없다고 하자.

(단위 : 백만 원)

당초 변동손익계산서			영업이익 5억 원인 경우의 변동손익계산서	
과목	금액	구성비	금액	구성비
매출액	1,000	100%	?	
- 변동비	600	60%	?	
매출원가	500			
판매관리비	100			
= 공헌이익	400	40%	700	
- 고정비	200	20%	200	
매출원가	100			
판매관리비	100			
= 영업이익	200	20%	500	

일단 영업이익은 5억 원, 고정비는 2억 원으로 결정됐기 때문에 이를 역산하면 공헌이익은 7억 원이 나와야 한다. 이 공헌이익은 매출액

에서 변동비를 차감하는 것이므로 다음과 같은 식을 세울 수 있다.

　7억 원 = 매출액(S*) - 변동비(0.6**S)

　S = 7억 원/0.4 = 17억 5,000만 원

*S : 매출액
**변동비율 = 변동비÷매출액

이 매출액의 40%(공헌이익률)를 곱하면 공헌이익 7억 원(17억 5,000만 원×40% = 7억 원)이 나옴을 확인할 수 있을 것이다.

이상과 같이 변동손익계산서는 경영환경의 변화에 대응할 수 있는 마케팅 전략을 수립하는 데에도 도움을 준다.

재무능력을 갖추면 천하가 보인다

손익분기점이란
무엇을 의미하는가

앞에서 본 내용을 좀 더 확장해 보자.

현실적으로 보면 각 기업은 다음과 같은 상황에 대해서 답을 구하려고 한다.

- 매출을 얼마나 올리면 이익이 날까?
- 매출은 비용을 상회하고 있는가?
- 목표이익을 달성하려면 매출은 얼마나 올려야 하는가?
- 비용을 늘리거나 줄이면 이익은 어떻게 변하는가?
- 적자를 없애려면 매출을 얼마나 늘려야 하는가?

이러한 물음에 대해 효과적으로 분석할 수 있는 방법이 바로 손익분기점 분석(BEP분석)이다. '손익분기점'이란 총수익과 총원가(총비용)가 일치해 이익이나 손실이 나지 않는 판매량 또는 매출액을 말한다. 따라서 손익분기점은 수익과 비용이 같은 점이므로 수익이 비용을 완전히 보전한 후부터 이익이 발생하는 것을 짐작할 수 있다.

그렇다면 손익분기점은 어떻게 구할까?

손익분기점을 식으로 표현하면 다음과 같다. 물론 이 식은 앞에서 본 변동손익계산서를 식으로 표현하는 것에 불과하다. 따라서 식이 어렵다고 생각되면 변동손익계산서를 그려서 역산해 보면 쉽게 손익분기점에 해당하는 매출액을 찾을 수 있다.

$$\text{• 손익분기점 매출액} = \frac{\text{고정비}}{1 - (\text{변동비}/\text{매출액})} = \frac{\text{고정비}}{\text{공헌이익률}}$$

결국 손익분기점이 되는 매출액은 공헌이익으로 고정비를 커버하는 점에서 결정된다.

Tip	**손익분기점 매출액 공식 도출과정**

손익분기점은 판매량이나 매출액의 두 가지로 나타낼 수 있다. 여기서 'p'는 가격, 'Q'는 손익분기점에서의 판매량을 말한다. 이 판매량에 가격을 곱하면 손익분기점 매출액이 된다. 한편 'b'는 단위당 변동비를 말한다.

$$\text{• 매출액}(pQ) = \text{변동비}(bQ) + \text{고정비}(a)$$

$$\text{• 손익분기점 판매량}(Q) = \frac{a(\text{고정비})}{p(\text{가격}) - b(\text{변동비})}$$

• 손익분기점 매출액(S) = $\dfrac{a}{p-b} \times p = \dfrac{a}{p-b} \times \dfrac{1}{1/p}$

$$= \dfrac{a}{(p-b)/p} = \dfrac{a}{1-b/p} = \dfrac{고정비}{공헌이익률}$$

이러한 손익분기점을 그림으로 확인해 보면 다음과 같다.

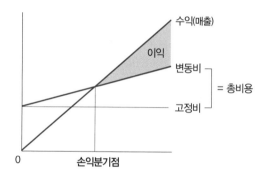

손익분기점은 수익과 총비용(고정비 + 변동비)이 만나는 점을 말한다.

따라서 이 점을 벗어난 부분부터 이익이 발생하며 매출액이 늘어날수록 이익도 비례해 커진다. 물론 손익분기점 이하 부분에서는 손실이 발생하고 있다.

위의 손익분기점 공식을 다음 사례로 확인해 보고자 한다.

○○기업의 이번 달 매출액은 5,000만 원(5,000개×@10,000원), 변동비(재료비 등)는 2,500만 원, 고정비(월급 등)는 1,000만 원이다. 손익분기점에 해당하는 매출액과 판매량은?

$$\bullet \text{손익분기점 매출액} = \cfrac{10,000,000(\text{고정비})}{1 - \cfrac{25,000,000(\text{변동비})}{50,000,000(\text{매출액})}} = 20,000,000$$

매출액이 2,000만 원인 경우 이익은 '0원'이 되며, 매출액이 2,000만 원을 초과하면 이익이 발생한다. 한편, 손익분기점에 해당하는 수량은 손익분기점 매출액을 단가로 나누면 된다(2,000만 원÷@ 10,000원 = 2,000개).

한편 기업들은 사업연도 초 영업을 시작하기 전에 앞으로 1년 간 경영활동을 통해 이익을 얼마나 올릴 것인가 미리 계획한다. 이 계획단계의 이익을 '목표이익'이라 하는데, 목표이익을 달성하기 위해서는 매출을 얼마나 올려야 할 것인가를 검토하게 된다.

이 경우 손익분기점 공식을 응용해 다음과 같이 목표매출액을 추정할 수 있다.

$$\bullet \begin{array}{l} \text{목표이익} \\ \text{달성을 위한} \\ \text{목표매출액} \end{array} = \cfrac{\text{고정비} + \text{목표이익}}{1 - \cfrac{\text{변동비}}{\text{매출액}}}$$

위 산식을 보면 목표이익을 마치 고정비처럼 취급한다. 또 다른 사례를 통해 목표이익에 따른 목표매출액을 산출해 보자.

앞의 사례에서 세금이 공제되기 전 목표이익이 1,000만 원인 경우 기업이 달성해야 하는 매출액은 얼마인가?

- 목표이익을 달성하기 위한 목표 매출액 $= \dfrac{10,000,000(\text{고정비}) + 10,000,000(\text{목표이익})}{1 - \dfrac{25,000,000}{50,000,000}} = 40,000,000$

이 ○○기업은 매출액이 4,000만 원일 경우 세전 이익은 1,000만 원이 되고, 4,000만 원을 초과하면 세전 이익의 규모는 1,000만 원을 초과함을 예측해 볼수 있다. 기업경영은 연간계획에 따라 이루어져야 하고 이를 위해서는 충분한 계획이 미리 세워져야 하는 바, 손익분기점 분석은 이러한 작업과정에서 유용한 분석도구가 된다.

손익분기점
계산 사례

이절세 팀장은 아내 야무진으로부터 배운 원가 활용법을 자신과 같이 근무하고 있는 왕초보에게 전달해 주기로 했다. 왕초보 정도 열심히 하는 친구라면 쉽게 내용을 이해할 수 있다고 생각했다.

"왕초보, 숙제 하나를 내줄 테니 일주일 안에 해결해 봐."

"좋습니다. 한번 해 보겠습니다."

왕초보가 이절세 팀장으로부터 받은 숙제는 다음과 같았다.

다음 자료를 보고 질문에 답하시오.

〈자료〉

재료비: 10,000,000원/월

인건비: 5,000,000원/월

임차료 : 5,000,000원/월

전기료·수도료: 300,000원/월

판매가격 : 5,000원

판매량 : 6,000그릇

위에서 재료비와 전기료·수도료는 변동비로 분류하며, 나머지는 고정비로 분류한다.

<u>질문1</u> : 변동비율은 얼마인가?

<u>질문2</u> : 공헌이익은 얼마인가 그리고 공헌이익률은?

<u>질문3</u> : 손익분기점 월 매출액을 구하시오.

<u>질문4</u> : 손익분기점 월 판매량을 구하시오. 만일 영업일수가 25일이라면 1일
　　　　판매량은?

<u>질문5</u> : 매출이 10% 증가하면 이익은 얼마가 증가하나?

왕초보는 숙제를 훌륭히 완성했다.

질문1에 대한 답 : 변동비율

변동비율은 변동비를 매출액으로 나눈 비율을 의미합니다. 자료 중 재료비와 전기료 등 총 10,300,000원이 변동비에 해당하므로 변동비율은 다음과 같습니다.

$$변동비율 = \frac{10,300,000원}{30,000,000원^*} \times 100 = 34.3\%$$

* 매출액 = 6,000그릇×@5,000원

질문2에 대한 답 : 공헌이익과 공헌이익률

공헌이익은 매출액에서 변동비를 차감한 금액을 말합니다.

공헌이익 = 30,000,000원 - 10,300,000원 = 19,700,000원

공헌이익률은 공헌이익을 매출액으로 나눈 비율을 말합니다.

$$공헌이익률 = \frac{19,700,0000원}{30,000,000원} \times 100 = 65.7\%$$

질문3에 대한 답 : 손익분기점 매출액

손익분기점 매출액은 다음과 같습니다.

$$손익분기점\ 매출액 = \frac{10,000,000원(고정비)}{65.7\%(공헌이익률)} = 15,220,700원$$

질문4에 대한 답 : 손익분기점 판매량

손익분기점 판매량은 위의 손익분기점 매출액을 판매가격으로 나누면 됩니다.

손익분기점 판매량/월 = 15,220,700원/@5,000원 = 3,044그릇
손익분기점 판매량/일 = 3,044그릇/25일 = 약 122그릇

질문5에 대한 답 : 매출이 10% 증가 시 이익의 변화

매출이 10% 증가하면 이익은 다음과 같이 증가합니다.
증가되는 이익 = (30,000,000원×10%)×65.7% = 1,971,000원
즉 이미 고정비를 회수하고 있기 때문에 증가된 매출액의 34.3%는 변동비로
만 지출되고 그 나머지는 모두 이익의 증가분입니다.

이절세 팀장은 왕초보가 제출한 내용을 보고 손뼉을 쳤다.

"역시 똑소리가 나는 친구야. 오늘 점심은 내가 쏜다. 자, 맛있는 거
먹으러 가자고."

손익분기점을 통해
기업의 안정성을 판단한다

"손익분기점은 결국 매출이 비용을 커버하는 점을 말하니까 비용이 적을수록 손익분기점이 낮아지겠네요?"

왕초보는 이제 손익분기점의 의미를 이해했다는 듯이 점심식사 도중에 이절세 팀장에게 얘기를 꺼냈다.

"물론 일리가 있어. 비용이 적을수록 이에 대응하는 매출액도 적게 필요하니까 말이야. 하지만 비용이 비슷하더라도 비용구조에 따라 손익분기점 매출액이 달라질 수가 있는 것 같더라고."

"그래요? 어떻게 달라지나요?"

예를 들어 규모가 비슷한 기업의 비용구조가 다음과 같다고 하자. 이런 상황에서 이들의 손익분기점 매출액은 어떻게 되는지 계산해 보자.

구분	A기업	B기업
매출액	100,000,000원	100,000,000원
고정비	50,000,000원	20,000,000원
변동비(변동비율)	20,000,000원(20%)	50,000,000원(50%)

- A기업의 손익분기점 매출액 = $\dfrac{50,000,000(\text{고정비})}{1 - \dfrac{20,000,000(\text{변동비})}{100,000,000(\text{매출액})}}$ = 62,500,000

- B기업의 손익분기점 매출액 = $\dfrac{20,000,000(\text{고정비})}{1 - \dfrac{50,000,000(\text{변동비})}{100,000,000(\text{매출액})}}$ = 40,000,000

이 둘의 기업은 매출액도 같고 총비용도 같다. 하지만 비용구조가 A기업과 B기업이 차이를 보임에 따라 손익분기점 매출액이 다르다. A기업은 높은 고정비와 낮은 변동비, B기업은 낮은 고정비와 높은 변동비를 특징으로 하고 있다. 이런 비용구조로 인해 A기업의 손익분기점이 B보다 훨씬 더 높다. 매출액으로 고정비를 먼저 회수해야 하는데 A기업의 고정비가 B보다 더 크기 때문에 필요한 매출액이 더 많아지게 되기 때문이다.

그래서 일반적으로 고정비가 높은 기업의 경우에는 손익분기점 매출액이 높다. 따라서 이런 기업은 실제 매출액이 손익분기점 매출액에 미달하면 손실이 크게 발생할 가능성이 높아진다. 이런 반면 고정비가 낮은 기업의 경우에는 손익분기점 매출액이 낮다. 따라서 실제 매출액이 손익분기점 매출액에 미달하더라도 손실이 크게 발생할 가능성이 낮아진다.

이런 내용을 좀 더 확장해 경영의 안정성을 판단해 보자. 이는 보통 손익분기점 매출액을 매출액으로 나누어 분석한다. 이 비율이 높으면 그만큼 경영의 안정성이 떨어지고, 낮으면 안정성이 높다고 할 수 있다.

구분	A기업	B기업
매출액(①)	100,000,000원	100,000,000원
손익분기점 매출액(②)	62,500,000원	40,000,000원
손익분기점 비율(②/①×100)	62.5%	40%

A기업의 경우 이 비율은 62.5%이고, B기업은 40%이다.

〈A기업의 경우〉

62.5%

〈B기업의 경우〉

40%

이 비율은 현재 매출액 수준 중 손익분기점 매출액이 몇 %에서 형성되고 있는가를 보여 준다. 따라서 A기업의 경우 이 비율이 62.5%이므로 매출액이 현재 수준에서 37.5%(3,750만 원=1억 원×37.5%)만큼 떨어지면 손익분기점에 도달한다고 할 수 있다. B기업은 60%가 떨어지면 손익분기점에 도달한다. 따라서 손익분기점 비율이 높은 기업(예: 90%)은 매출이 조금만 하락해도 바로 적자를 보게 되나, 이 비율이 낮은 기업은 매출이 크게 하락해야 적자를 본다고 해석할 수 있다.

　결국 기업의 안정성 측면에서는 손익분기점이 낮은 기업이 유리하다고 할 수 있다.

원가구조가 다르면
이익도 달라진다

"팀장님, 관리회계에서는 비용을 변동비와 고정비로 정확히 나누는 것이 매우 중요하다는 생각을 했습니다."

"그렇지. 비용구조를 어떻게 분석하느냐에 따라 의사결정 자체가 달라질 수 있으니까."

사실 이절세 팀장도 왕초보와 함께 원가를 공부하면서 몰랐던 사실을 많이 알 수 있었다. 특히 원가를 잘 다루면 손익분기점 분석도 쉬울 뿐더러 변하는 환경에서 의사결정을 자유자재로 할 수 있겠다는 생각을 해 보았다.

"왕초보, 가만히 생각해 보면 똑같은 규모의 기업이라도 원가구조가 어떠냐에 따라 이익에 미치는 영향은 다를 것 같은데, 왕초보 씨 스스로 생각해 보고 정리했으면 좋겠어."

왕초보는 그동안 배웠던 지식을 바탕으로 다음과 같은 자료를 이절세 팀장에게 전달했다.

원가구조란 변동비와 고정비의 구성 상태를 말한다. 즉 발생되는 비용이 변동비와 고정비 성격을 얼마나 띠고 있는지를 나타낸 것이라고 할 수 있다.

예를 들어 다음과 같이 두 기업의 변동손익계산서가 있다고 하자.

구분	A기업		B기업	
	금액(백만 원)	구성비(%)	금액(백만 원)	구성비(%)
매출액	1,000	100.0%	1,000	100.0%
변동비	500	50.0%	200	20.0%
공헌이익	500	50.0%	800	80.0%
고정비	300	30.0%	600	60.0%
영업이익	200	20.0%	200	20.0%

위 표에서 A기업과 B기업의 매출액과 영업이익은 동일하다. 그런데 매출액에서 변동비가 차지하는 비율이 A기업은 50%, B기업은 20%이다. 그렇다면 이렇게 원가구조가 차이가 나는 것은 무엇을 의미할까?

이를 구체적으로 분석하기 위해 위의 상황에서 매출액이 10% 상승할 경우 영업이익의 변화를 보자. 다만, 매출액이 변하더라도 고정비는 변동이 없다고 하자.

다음의 표를 보면 A기업이든 B기업이든 매출액이 10% 증가할 때 변동비나 고정비가 달라져 영업이익도 달라지고 있음을 알 수 있다.

구분	A기업		B기업	
	금액(백만 원)	구성비(%)	금액(백만 원)	구성비(%)
매출액	1,100	100.0%	1,100	100.0%
변동비	550	50.0%	220	20.0%
공헌이익	550	50.0%	880	80.0%
고정비	300	27.3%	600	54.5%
영업이익 (당초)	250 (200)	22.7%	280 (200)	25.5%

그런데 매출액이 증가하는 경우 고정비율이 높은 기업의 이익이 더 많이 증가했다. 왜 그럴까. A기업과 B기업 모두 고정비는 공헌이익으로 이미 커버했기 때문에 증가되는 매출은 변동비와 이익으로만 배분이 되면 된다. 따라서 이때 상대적으로 변동비율이 낮은 B기업의 이익이 더 많이 증가한다.

한편 앞과 반대로 매출액이 하락하는 경우 이익의 변화를 보자.

구분	A기업		B기업	
	금액(백만 원)	구성비(%)	금액(백만 원)	구성비(%)
매출액	900	100.0%	900	100.0%
변동비	450	50.0%	180	20.0%
공헌이익	450	50.0%	720	80.0%
고정비	300	33.3%	600	66.7%
영업이익 (당초)	150 (200)	16.7%	120 (200)	13.3%

매출액이 감소하는 경우 앞과는 달리 고정비율이 높은 기업(B기업)

의 이익이 더 많이 감소한다. 왜냐하면 고정비율이 높은 상황에서 매출액이 감소하는 경우 매출감소분은 변동비를 제외한 금액 자체가 바로 이익을 줄이기 때문이다. 즉 B기업의 경우 매출 1억 원 감소는 2,000만 원의 변동비를 절감시키나 나머지는 8,000만 원만큼 이익을 줄이는 결과가 되는 것이다.

이처럼 기업 규모가 동일하더라도 원가구조가 다르면 전혀 다른 기업이 되는 것이다.

일반적으로 제조업의 경우에는 설비투자 등으로 고정비 비중이 크고, 서비스업의 경우에는 변동비 비중이 크다. 따라서 제조업이 호황인 경우에는 이익이 많아질 가능성이 높으나 반대상황에서는 손실폭이 커질 수 있다.

원가구조를 알면
경영 의사결정이 쉽다

"팀장님, 원가정보가 이렇게 중요하다니 정말 놀랍습니다. 우리가 매일 밥 먹듯이 쳐다보던 재무제표 안에 이러한 정보가 숨어 있었군요."

"그래, 나도 놀랐다. 한편으로는 왜 이렇게 공부해야 할 것이 많은지 갑갑하기도 하고 말이야."

"맞습니다. 그래서 공부는 평생 해야 한다고 하지 않습니까? 지식이 자꾸 변해 가는데 옛날 방식만 고집하다간 도태될 수밖에 없겠지요."

"전적으로 동감이야."

실무적으로 원가구조를 알면 각종 의사결정을 내리는 데 유용하게 써먹을 수 있다. 예를 들어 다음과 같은 상황에서 어떤 방법이 유리한지 알아보자.

〈상황〉

OO콘텐츠(주)에서는 강사료 지급에 대해 다음과 같은 방법을 심의하고 있다.

① 변동비(매출액의 30%)로 지급하는 방안

② 고정비(5,000만 원)로 지급하는 방안

③ 고정비(1,000만 원) + 변동비(10%)로 지급하는 방안

• 예상매출

구분	금액
최저 예상매출	100,000,000원
최고 예상매출	500,000,000원

이러한 의사결정은 앞으로의 예상매출액과 강사료 지급구조에 따라 다음과 같이 확연히 차이가 난다.

① 변동비(매출액의 30%)로 지급하는 방안

구분	금액	지급금액
최저 예상매출	100,000,000원	30,000,000원
최고 예상매출	500,000,000원	150,000,000원

변동비만으로 지급하는 구조에서는 매출액이 커질수록 지급금액이 늘어나는 것이 일반적이다. 따라서 예상보다 매출액이 커지는 경우 지급받는 쪽의 이익이 증가한다.

② 고정비(5,000만 원)로 지급하는 방안

구분	금액	지급금액
최저 예상매출	100,000,000원	50,000,000원
최고 예상매출	500,000,000원	50,000,000원

고정비만을 지급하는 경우에는 매출액이 예상보다 증가하는 경우 지급하는 쪽의 이익이 증가한다. 하지만 매출액이 예상보다 감소하는 경우에는 지급하는 쪽의 이익이 축소되는 특징을 갖는다.

③ 고정비(1,000만 원) + 변동비(20%)로 지급하는 방안

구분	금액	지급금액
최저 예상매출	100,000,000원	30,000,000원
최고 예상매출	500,000,000원	110,000,000원

이는 고정비를 일부 지급하고 변동비율을 ①보다 낮춘 방법을 말한다. 이는 앞의 두 방법의 지급한 쪽의 단점을 보완하는 방법이다. 즉 ①의 방법이 예상매출액이 증가하는 경우 지급금액의 과다문제를 해결(변동비율을 낮춘다)하며 ②의 방법은 매출액이 감소하는 경우 고정비의 과다문제를 해결(고정비를 낮춘다)한다.

위의 표들을 모두 종합해 본 결과 최저 예상매출이 1억 원으로 예상될 경우 ① 또는 ③ 방법에서 지급금액이 가장 낮다. 하지만 예상매출이 5억 원으로 예상될 경우 ② 방법의 지급금액이 가장 낮다. 이러한

방법 중 지급하는 자 또는 지급받는 자가 어떤 방식을 선호하는지는 원가구조와 예상매출액에 따라 달라질 수 있다.

일반적으로 지급하는 쪽에서는 고정비를 부담하지 않고 변동비율로 가면 고정비에 대한 원가책임을 질 필요가 없다. 하지만 지급받는 쪽은 변동비율로 하면 현금흐름이 축소될 수 있다. 따라서 현실적으로 계약을 체결할 때에는 향후 예상되는 매출액 수준을 고려해 고정비와 변동비율을 책정할 필요가 있다.

레버리지 분석이란
무엇인가

"팀장님, 가만히 보니 매출액의 변화에 따라 이익이 얼마나 변할지는 주로 고정비가 얼마가 되는지에 따라 달라지네요."

"와, 왕초보가 말하는 수준은 완전히 팀장급이구만. 정말 우리 팀원이 된 것이 자랑스럽다, 자랑스러워."

"아니, 팀장님, 과찬이십니다."

왕초보는 칭찬에 인색하지 않은 자신의 팀장이 매우 존경스럽게 생각됐다.

"왕초보, 그렇게 가다 보면 남들이 어렵다던 레버리지 분석도 자연스럽게 이해할 수 있을 거야."

"네에? 레버리지 분석이라구요?"

경영자들은 '매출액이 감소하면 이익은 얼마나 감소할까?' 하는 등의 문제에 대해 늘 관심을 갖고 있다. 매출액은 기업경영에 매우 중요한 의미를 갖고 있으며, 매출액의 변동에 따라 의사결정을 내려야 하는 일들이 많기 때문이다.

그렇다면 매출액이 변동하면 이익은 어떻게 변하는지 쉽게 알 수 있는 방법은 없을까?

이 부분에 대한 답을 쉽게 내기 위해서는 앞에서 배운 원가구조를 이해할 필요가 있다. 기업 규모가 똑같더라도 원가구조에 따라 매출액 변화에 따른 이익이 달라지기 때문이다. 예를 들어 고정비가 큰 상황에서 매출액이 증가하면 상대적으로 이익이 더 크게 증가하나 매출액이 감소하면 상대적으로 이익이 더 크게 감소하는 효과가 나타난다.

이러한 효과를 관리회계에서는 레버리지(Leverage) 효과, 즉 지렛대 효과라고 한다. 다시 말하면 고정비에 의한 손익확대효과를 말한다.

앞에서 본 사례들 중에 변동비가 낮고 고정비 비중이 높을수록 매출액이 변하면 손익변화율이 확대됨을 알 수 있었다. 이는 고정비가 일종의 지렛대 역할을 하고 있기 때문이다.

레버리지 분석이 경영활동에 어떻게 이용되는지를 살펴보기로 하자. 예를 들어 다음과 같이 변동손익계산서가 있다고 하자. 이 상태에서 매출액이 10% 증가한다면 앞에서 본 방식에 의해 매출액과 변동비 등을 수정해서 영업이익을 산출할 수 있다.

이러한 내용은 앞에서 많이 살펴보았다.

구분	당초		수정 후	
	금액	구성비(%)	금액	증가율
매출액	1,000	100.0%	1,100	10.0%
변동비	500	50.0%	550	-
공헌이익	500	50.0%	550	10.0%
고정비	300	30.0%	300	-
영업이익	200	20.0%	250	25.0%

이 표는 당초보다 매출액이 10% 증가했으나 영업이익은 25% 증가했음을 나타내고 있다. 금액으로 보면 매출 1억 원이 증가했으며 영업이익은 5,000만 원이 증가했다.

그렇다면 이런 표의 작성 없이 매출액의 증감에 따른 영업이익의 변화를 쉽게 알 수 없을까?

원래 매출이 증감하면 이는 바로 영업이익에 연결되지 않는다. 일단 매출액에 비례해 발생하는 비용, 즉 변동비로 1차적으로 배분이 된다. 위 예에서 매출증가액 1억 원은 변동비 5,000만 원으로 배분되는 것이다. 그리고 나머지는 고정비로 배분돼야 하나, 이미 공헌이익이 고정비를 커버하고 있다면 고정비에 배분 없이 바로 영업이익을 늘리는 데 사용된다. 앞에서 당초 공헌이익 5억 원이 이미 고정비 3억 원을 커버했으므로 매출액 중 잔여분 5,000만 원은 당초 영업이익에 가산되는 것이다.

이러한 과정은 식으로도 이해할 수 있다.

이 식은 영업 레버리지(Degree of Operating Leverage : DOL)로 불리며 다음과 같이 표현할 수 있다.

$$DOL = \frac{공헌이익(매출액 - 변동비)}{영업이익(공헌이익 - 고정비)} = \frac{5억\ 원}{2억\ 원} = 2.5배$$

이 숫자는 매출액 증가율의 2.5배만큼 영업이익이 증가한다는 것을 의미한다. 앞에서 매출액이 10% 증가했다면 영업이익은 종전 영업이익보다 25%(2.5배×10%) 증가함을 나타낸다. 따라서 종전 영업이익이 2억 원이므로 2억 5,000만 원(2억 원×1.25)이 수정 후 영업이익이 된다.

사례 ....

(주)기린에서는 다음과 같은 실적을 보이고 있다. 이 회사의 최 사장은 매출액이 10% 감소하면 영업이익이 얼마나 감소될 것인지 알고 싶어 한다.

- 매출액 100억 원
- 변동원가 60억 원
- 고정원가 20억 원

앞의 식을 이용해 DOL을 계산하면 다음과 같다.

$$DOL = \frac{공헌이익}{영업이익} = \frac{40억\ 원}{20억\ 원} = 2배$$

이를 바탕으로 감소되는 영업이익을 계산하면 다음과 같다.

- 영업이익의 감소율 = 매출액 감소율× DOL = 10%×2배 = 20%
- 감소되는 영업이익 = 당초 영업이익 × 영업이익의 감소율

    = 20억 원×20% = 4억 원

매출은 종전 매출(100억 원)의 10%인 10억 원이 축소되며, 이익은 종전 영업이익(20억 원)의 20%인 4억 원이 축소된다.

원가정보도
마케팅에 활용된다

왕초보는 이절세 팀장과 공부하면서 관리회계에 대해 많은 것을 이해할 수 있었다. 특히 그동안 공부했던 재무제표와는 달리 관리회계에는 다른 묘미가 있음을 알게 됐다.

그는 손익분기점 분석이 다음과 같은 상황에 대한 답을 제공해 여러 가지 경영활동에 응용된다는 것도 매우 흥미로웠다.

- 단위당 판매가격이 10%가 증가한다면 이익은?
- 판매량이 10% 증가하고, 단위당 판매가격이 5% 감소한다면?
- 단위당 변동비를 10% 절감할 수 있다면?
- 단위당 변동비를 10% 절감하는 대신 고정비를 10% 증가시킨다면?

그 밖에도 사업계획 수립 시 이익계획, 신제품의 가격결정 등 각종 의사결정에 사용될 수 있다는 것도 아울러 알 수 있었다.

이하에서는 구체적인 사례로 앞의 내용들을 이해해 보자.

사례 ···

○○○ 씨는 인테리어비 등 시설비 6,000만 원을 투자해 사업을 시작하려고 한다. 인건비로 매월 500만 원, 기타 전기료와 수도료 등 경비가 100만 원이 들어갈 것으로 예상된다. 재료비는 매출액의 20% 정도 예상된다.

다음 물음에 대한 답을 생각해 보자.

〈물음1〉

첫 달에 수입이 1,000만 원(1,000개×10,000원)이 발생했다. 첫 달의 회계 상 이익은 얼마인가?

〈해답〉

회계 상의 이익측정방법은 보통 기업들이 쓰는 것으로서 경영성과를 반영하는 것이 특징이다. 그래서 시설비는 철수하기 전까지 지속적으로 사용되므로 이를 당기의 비용으로 처리하지 않고 대략 5년에 걸쳐 비용으로 처리할 수 있다. 따라서 비용은 다음과 같이 집계된다.

• 인건비 500만 원 + 기타비용 100만 원 + 재료비 200만 원(1,000만 원×20%)
  + 시설비 감가상각비 100만 원 = 900만 원

여기서 감가상각비는 다음과 같이 구했다.

- 연간 감가상각비: 투자비용 6,000만 원/5년 = 1,200만 원
- 월 감가상각비: 1,200만 원/12개월 = 100만 원

따라서 회계 상의 이익은 다음과 같이 계산된다.

- 매출 1,000만 원 – 비용 900만 원 = 이익 100만 원

⟨물음2⟩

만일 판매가격을 10% 내린다면 판매 개수는 10% 늘어난다고 하자. 회계 상이익은 얼마나 늘어날까?

⟨해답⟩

이러한 물음에 답하기 위해서는 비용을 매월 고정적으로 발생한 비용과 매출의 증감에 따라 발생한 비용으로 구분할 수 있어야 한다. 위에서 매월 고정적으로 발생한 비용은 인건비, 기타비용, 감가상각비 등 총 700만 원 정도가 된다. 재료비는 대표적인 변동비용이다.

매출액 (1,000개×110%)×(10,000원×90%) = 9,900,000원	
변동비	1,980,000원
ㅣ재료비 (9,900,000원×20%) = 1,980,000원	
고정비	7,000,000원

인건비	5,000,000원
감가상각비	1,000,000원
기타비용	1,000,000원
이익	920,000원

위 〈물음1〉의 이익보다 8만 원이 줄어들었다.

〈물음3〉

위 〈물음1〉과 같은 비용구조하에서는 몇 개를 팔아야 손익이 0원인 손익분기점에 다다를까?

〈해답〉

손익분기점은 공식에 의해 간단히 계산되나 여기에서는 원리로 이해를 해 보자. 먼저 손익이 0원이 되려면 매출액이 고정비와 재료비인 변동비를 모두 회수하는 시점이다. 이를 식으로 표현하면 다음과 같다.

$$S = 0.2S + 7,000,000원$$
$$(1 - 0.2)S = 7,000,000원$$
$$S = 8,750,000원$$

즉 이 금액이 손익이 발생하지 않는 매출액에 해당한다. 따라서 사업자가 이익을 내기 위한 최소한의 매출은 이 금액을 넘어야 한다. 한편 매출액을 판매가격으로 나누면 손익분기점 판매량이 나온다.

• 손익분기점 판매량 = 8,750,000원÷10,000원 = 875개

〈물음4〉

위의 사업장을 운영하는 사장은 매출이 전월보다 30% 떨어지자 판매촉진의
일환으로 700명의 고객에게 각각 2,000원(총 140만 원)짜리 우산을 선물하기
로 했다. 이러한 판촉활동으로 떨어진 수요를 모두 만회할 것으로 예상됐다.
수요가 30% 떨어진 상태에서 만회가 된 경우 이익은 어떻게 변할까?

〈해답〉

• 수요가 30% 떨어진 경우의 이익

매출액 (1,000개×70%)×10,000원 = 7,000,000원

변동비   1,400,000원

| 재료비 (7,000,000원×20%)= 1,400,000원

고정비   7,000,000원

| 인건비   5,000,000원

| 감가상각비   1,000,000원

| 기타비용   1,000,000원

이익   △1,400,000원

• 판촉비용을 들여 수요를 30% 만회시킨 경우

매출액 (1,000개×100%)×10,000원 = 10,000,000원

변동비   2,000,000원

| 재료비 (10,000,000원×20%) = 2,000,000원

고정비		8,400,000원
판촉비용	1,400,000원	
인건비	5,000,000원	
감가상각비	1,000,000원	
기타비용	1,000,000원	
이익		△400,000원

판촉비용 140만 원이 들었으나 그로 인해 수요가 만회돼 결국 손실폭이 줄어
들었다. 이러한 방법은 불황기에 사용할 수 있는 전략이다.

특별주문,
받아들일 것인가

"팀장님, 고맙습니다."

왕초보는 지금까지 원가 등에 대해 많은 것을 알려 준 이절세 팀장이 진심으로 고마웠다.

"초보 씨, 잠깐만. 아직 얘기가 끝나질 않았어. 이렇게 원가정보를 이해하면 가격을 내릴 것인지 말 것인지, 어떤 상품을 밀 것인지 등등에 대해 쉽게 알 수가 있을 것 같아. 이거 배워 두면 앞으로 기업체 사장들 만날 때 유용하게 써먹을 수 있을 거야."

"어, 그래요? 그것 참 재미있겠습니다. 빨리 알려 주세요."

사업을 하는 사람들이라면 종종 다음과 같은 제안을 받을 수 있다.

"상품 100개를 7,000원에 납품받고 싶습니다. 가능할까요?"

그렇다면 사업자들은 정가가 1만 원인 이 상품에 대한 주문을 어떤 과정을 거쳐 수락할까?

숙련자와 초보자로 나눠 그 과정을 보자.

〈숙련자〉

사업자들은 원가에 대한 정보를 경험으로 많이 이해하고 있다. 즉 1 개를 팔면 얼마가 남는다는 식의 계산이 빠르다. 따라서 이 주문서를 접한 사업자는 다음과 같은 과정을 거쳐 최종적인 의사결정에 이른다. 다만, 이 주문으로 인해 추가되는 비용은 300,000원이라고 하자. 그리고 재료비율은 매출액의 20%라고 하자.

이를 반영해 다음과 같은 주문에 대한 이익을 뽑아낼 수 있다.

증가하는 매출 100개×7,000원 = 700,000원

증가하는 비용 　　　　　　　　440,000원

┃ 재료비 700,000원×20% = 140,000원

┃ 추가비용(자료) 300,000원

증가하는 이익 　　　　　　　　260,000원

결국 이 특별주문을 수락하면 대략 26만 원의 이익이 발생한다. 증가되는 매출액은 재료비와 추가비용에 우선 충당되고 나머지는 모두 이익으로 변했다. 고정비는 이미 공헌이익으로 커버가 됐기 때문이다.

다만, 이렇게 이익이 발생했더라도 최종적으로 이 주문을 수락할 것인지를 결정하기 전에 좀 더 검토해야 할 것들이 있다. 이 이익 크기에 대해 만족하는지, 수락을 하는 경우 특별주문량을 맞출 수 있는지, 기

존 거래처가 단가인하 요구 가능성이 있는지 등을 아울러 검토하게 될 것이다.

한편 이런 주문 상황에서는 원가정보가 정확하지 않으면 의사결정을 올바르게 내릴 수가 없다. 예를 들어 앞의 재료비율이 20%가 아닌 실제로 50%라고 하자. 이런 상태에서 앞과 같은 제의가 들어와 이를 수락했다면 다음과 같은 결과가 나온다.

증가하는 매출 100개×7,000원 =   700,000원

증가하는 비용   650,000원

재료비 700,000원×50% = 350,000원

추가비용(자료) 300,000원

증가하는 이익   50,000원

결국 이러한 주문에 대해 의사결정을 신속·정확히 내리기 위해서는 당해 사업에 대한 원가구조를 정확히 이해하고 있어야 한다.

〈초보자〉

초보자들은 어떻게 의사결정을 내리는지 알아보자. 다만, 이 주문으로 인해 발생한 재료비와 추가비용은 앞의 숙련자의 경우와 같으나, 다만 내부관리 목적 상 이 특별주문분에도 감가상각비 등 공통비가 25만 원 배부되어야 한다고 하자.

```
매출 100개×7,000원 =        700,000원

비용                        690,000원

 │ 재료비 700,000원×20% = 140,000원

 │ 추가비용(자료)  300,000원

 │ 고정비 배부액   250,000원

증가하는 이익               10,000원
```

초보자들은 특별주문에 대해서도 당연히 고정비를 배부하는 것이 맞기 때문에 기 발생된 원가인 고정비도 비용으로 보아 이익을 계산한다. 그 결과 이익증가분은 1만 원에 불과하므로 이 주문은 그렇게 큰 도움이 되지 않는다고 생각하고 이 주문을 거절할 가능성이 높다.

Tip 경영자들의 의사결정 과정

대개 경영자들은 경영활동 과정에서 다양한 의사결정에 가로놓여 있는 경우가 많다. 이들이 내려야 하는 의사결정에는 기업경영의 기본구조에 변화를 가져오는 전략적 의사결정(strategic decision)과 일상적인 업무활동과 관련된 운영 의사결정(operating decision)으로 나누는 것이 일반적이다. 그중 운영 의사결정은 일상적인 의사결정과 앞에서 열거된 비경상적인 의사결정으로 구분된다.
이러한 의사결정은 다음과 같은 절차를 따라 내려지게 된다.

목적의 설정 : 이익 극대화, 비용 최소화 등 → 대안의 파악과 자료수집 → 대안의 평가 : 의사결정 모형의 수립과 경제성 분석 → 최적 대안의 선택 → 의사결정의 성과평가와 피드백

Sunk Cost,
증분원가란

"아, 똑같은 내용인데 어떤 사람은 그 주문을 수락하고 어떤 사람은 이를 거절하고. 참, 내용이 알쏭달쏭하네요?"

왕초보는 이 팀장이 말한 숙련자와 초보자가 내리는 의사결정 방법이 차이가 남을 알고는 그 내용이 다소 혼돈스러웠다.

"초보 씨, 앞에서 초보자들의 의사결정 과정에 고정비 배부액이 포함돼 있었지? 초보자들은 이 고정비 배부액을 왜 포함시켰다고 생각해?"

"그야 당연히 판매단가는 변동비와 고정비로 구성돼 있고, 또 이 둘의 비용을 동시에 회수해야 하니까 그러는 게 아니겠습니까?"

"그렇게 생각할 만도 하겠지. 하지만 의사결정을 내릴 때는 이미 발생한 원가를 고려할 필요가 없어. 모두 Sunk Cost에 해당하니까?"

"네에? Sunk Cost라구요? 원가도 가라앉나요?"

"……."

관리회계에서 가장 중요한 것 중 하나는 원가정보를 활용해 의사결정을 올바르게 내리는 것이다. 그런데 앞에서 이 팀장이 왕초보에게 말한 것처럼 과거에 발생한 원가들은 의사결정에 영향을 미치지 않는다.

왜 그럴까?

이러한 원가들은 경영자가 어떤 의사결정을 하든지 회수할 수 없는 원가에 해당하기 때문이다. 생각해보면 고정비는 이미 발생한 원가이므로 앞의 주문을 받아들이는 데 전혀 영향을 미칠 수 없는 것이다.

따라서 숙련자들은 이러한 매몰원가(Sunk Cost)를 의사결정 과정에 포함시키지 않는 반면, 초보자들은 이들도 엄연한 원가이므로 의사결정 과정에 포함시킨다.

한편 의사결정을 내릴 때는 차액원가(Differential Cost)나 기회원가(Opportunity Cost)라는 원가개념도 이해할 필요가 있다.

그중 차액원가의 개념을 먼저 살펴보자.

원래 의사결정은 두 가지 이상의 대안 중 하나를 선택하는 행위를 말한다. 그런데 A와 B 중 어떤 것을 선택할 때, A와 B가 똑같이 지니고 있는 정보는 의사결정과 관계없다. 똑같은 정보는 의사결정에 영향을 미치지 않기 때문이다.

차액원가는 의사결정에 영향을 미치는 원가로서 특정대안과 다른 대안 간에 차이가 나는 원가를 말한다. 관리회계에서는 이런 원가를 관련원가 또는 증분원가, 회피가능원가라고 부르기도 한다.

예를 들어 우리가 자동차 한 대를 사려고 한다고 하자. 그런데 자동차는 종류만큼이나 구입가격도 다양하고 유지비용도 다르다. 따라서 이러한 정보들은 모두 의사결정 때 고려되는 원가(관련원가 = 증분원가 = 회피가능원가)에 해당한다. 다만, 아래의 주차비용은 A와 B가 동일하기 때문에 비관련원가에 해당한다.

	A	B	차이	비고
구입가격	20,000,000	10,000,000	10,000,000	관련원가
유지비용	5,000,000	2,000,000	3,000,000	관련원가
주차비용	1,000,000	1,000,000	0	비관련원가

이런 상황에서 의사결정자는 주차비용에 관한 정보를 제외하고 구입가격과 유지비용만을 가지고 A나 B 중 하나를 선택할 것이다. 주차비용에 관한 정보는 의사결정에 차이를 가져오지 않기 때문이다. 이런 차액원가 개념은 의사결정을 할 때 매우 중요한 역할을 한다.

한편 기회원가란 포기된 대안 중 최선의 대안이 가져다주는 효익(순현금유입액)을 말한다. 예를 들어 다음과 같은 안이 있다고 하자.

구분	원상태 판매	가공 판매
매출	200,000	500,000
추가가공비	0	200,000
순현금유입액	200,000	300,000

이런 상황에서 원상태에서 물건을 판매하는 경우 이 사람은 20만 원을 획득한다. 하지만 이 안을 선택함으로써 일종의 기회원가가 생겼다. 즉 포기된 대안 중 발생한 순현금유입액 30만 원이 일종의 기회원

가가 발생한 것이다.

만일 가공해 판매하는 안을 선택했다면 이 안으로 30만 원의 순현금을 획득한다. 다만, 포기한 대안 중 20만 원이 기회원가로 발생한다.

결국 의사결정 시에는 이러한 원가도 고려해야 한다.

Tip 어떤 의사결정에 유용한가?

기업을 운영하다 보면 다음과 같은 소소한 의사결정에 직면하는 경우가 많다.
이런 상황에 부닥칠 때에도 앞과 같은 방식으로 의사결정을 내리면 대부분의 것들이
해결될 수 있을 것으로 보인다.

- 외부에서 구입할까 자체 제작할까?
- 제품라인을 폐쇄할까 말까?
- 아웃소싱을 할까 말까?
- 지점을 늘릴까 줄일까?
- 성과급으로 할까 고정급으로 할까?

장비교체는
어떻게 할 것인가

규모가 크든 작든 모든 기업은 성장을 하기 위해 지속적으로 투자해야 한다. 그런데 이러한 투자를 할 때는 감으로 하는 것이 아니라 사업 타당성 분석을 거친 후 시행하는 것이 좋다. 투자 실패는 해당 기업에 치명적인 재무위험을 안겨다 주기 때문에 사전검토가 반드시 필요하다는 뜻이다. 자본예산은 이럴 때 사용할 수 있는 수단이 된다.

자본예산은 1년 이상의 장기에 걸쳐 수익과 비용이 발생하는 투자 의사결정과 관련된 계획수립을 말한다. 자본예산은 대규모 투자라는 점 그리고 장기간 기업의 손익에 영향을 미친다는 점에서 기업의 성패에 직결되는 만큼 매우 중요하다.

다음 사례를 통해 투자 의사결정은 어떻게 하는지 살펴보자. 물론 실무적으로 더 복잡한 투자 의사결정은 다른 방법으로 해결할 수 있어야 할 것이다. 초보자들은 건너뛰어도 문제가 없다.

생산 중에 장비가 낡았다고 해서 무작정 교체할 것인가? 이하에서 장비 교체 여부를 의사결정해 보자. 단, 분석 방법으로 NPV(순현재가치, Net Present Value)법을 이용하기로 한다. NPV법은 순현가(투자금액-투자로부터 산출되는 순현금흐름의 현재가치)가 0보다 크면 투자안을 채택하고, 0보다 작으면 이를 기각하는 의사결정기준을 말한다.

- 장비 교체비용 1억 원 소요
- 장비 교체 시 월 100만 원(연간 1,200만 원)씩 세후 수입 증가
- 감가상각비 5년간 정액법으로 상각
- 5년간 이자율 5% 기준
- 한계세율 38.5%

이상의 자료를 통해 NPV법에 의해 분석을 하면 다음과 같다.

(단위 : 천 원)

구 분		연초	1기	2기	3기	4기	5기
현금유출		-100,000					
현금유입	세후 수입 증가		12,000	12,000	12,000	12,000	12,000
	감가상각비 절세효과		7,700	7,700	7,700	7,700	7,700
	현금유입		19,700	19,700	19,700	19,700	19,700
	현가계수		0.9524	0.9070	0.8638	0.8277	0.7835
	현재가치	85,536	18,762	18,113	17,019	16,207	15,435
순현재가치(NPV)		-14,464					

앞의 표의 수치들은 다음을 근거로 해 작성됐다.

- 각 연도 말의 감가상각비 절세효과: (1억 원/5년) × 38.5% = 770만 원
- 현금유입의 현재가치: 각 연도 말의 현금유입분 × 현가계수

여기서 현가계수란 매 연도 말의 현금흐름을 현재시점으로 평가할 때 적용되는 할인율 정도로 생각하면 될 것이다.

- 순현재가치(NPV): 현금유출 $- \sum_{1}^{n}$현금유입의 현재가치

이렇게 분석한 결과 이 장비를 교체했을 때의 현금유입보다는 유출액이 더 크므로 본 의사결정기준에 의한다면 본 투자안은 기각돼야 한다. 즉 본 투자안에서는 장비설치에 소요되는 비용으로 1억 원이 유출되며, 장비설치로 인한 세후 수입금액 증가와 감가상각비의 절세효과 등을 감안한 현금유입을 투자시점에서 평가한 금액이 8,553만 원에 달하므로 순현재가치는 마이너스(-)가 나와 투자안을 선택하는 경우 손실이 발생한다. 따라서 이 안은 채택되어서는 안 된다. 다만, 의사결정기준이 수익성이 아닌 경우에는 경영자의 의지에 따라 장비를 교체할 수 있을 것이다.

Tip | **다른 투자안의 경제성 분석방법**

① **회수기간법**(Payback Period Method)
투자안의 경제성 분석 중 가장 간편한 방법으로서 투자된 금액을 어느 정도의 기간 동안에 회수할 수 있는지를 계산해 의사결정하는 방법을 말한다.

$$\cdot \text{회수기간} = \frac{\text{투자금액}}{\text{매기의 순 현금유입액}}$$

② **회계적 이익률법(Accounting Rate of Return Method)**

이 방법은 화폐의 시간가치를 고려하지 않은 비할인모형의 하나로서 회계장부 상의 이익률을 고려해 투자안의 수익성을 파악하고 이를 기준으로 채택 여부를 결정하는 방법이다.

$$\cdot \text{회계적 이익률} = \frac{\text{연평균순이익}}{\text{투자액(최초 또는 평균)}}$$

③ **내부 수익률법(Internal Rate of Return: IRR법)**

투자에 소요되는 현금유출액의 현재가치와 투자로 인해 예상되는 현금유입액의 현재가치를 일치시키는 할인율, 즉 투자안의 순현재가치를 0으로 만들어 주는 할인율을 이용해 투자 의사결정하는 기법을 말한다.

6

신입사원 왕초보,
재무제표에서 경영 마인드를 얻다

경영 마인드가
기업가치를 결정한다

"어차피 기업이라는 것은 매출을 많이 올려 이익을 많이 보려는 속성을 가지고 있는 것 같습니다. 물론 그렇게 한다면 기업의 몸값이 많이 올라서 비싼 값으로 팔릴 수도 있고요."

왕초보는 그동안 경영과 재무제표 간의 공부를 하면서 느낀 소감을 이절세 팀장에게 말했다.

"당연하지. 기업을 세운 사람들이 좋은 회사를 만들고 싶어 하는 것은 그 기업을 통해 자신의 이익을 오랫동안 거둬들일 수 있는 장점이 있기 때문이야. 쉽게 말하면 남들이 나를 위해 돈을 벌어 주는 시스템을 만드는 것이지. 물론 그렇게 하다 보면 기업 덩치도 커지면서 소유한 주식도 값어치가 올라갈 것이고……."

"그렇다면 기업에 몸담고 있는 종업원들은 뭣 때문에 직장에 다니죠? 일을 해봐야 받는 금액도 일정하고, 그렇다고 기업가치가 높아진들 주식도 없으니 그들과는 상관없잖습니까?"

"맞아, 왕초보. 우리 같은 직장인도 회사를 설립해 스스로 일구는 것이 좋겠지. 그렇게 되면 많은 이익을 가질 수도 있고 또 주식을 되팔아 주식양도차익도 얻을 수 있고 말이야. 하지만 우리는 아직 그럴 만한 능력이 부족한 것 같다. 물론 회사설립 때 돈이 들어가지만 이것보다는 회사를 운영하는 기술이 부족하고 무엇보다도 사업 아이템도 없어."

"그럼, 이것들이 준비되지 않으면 회사를 만든다는 것은 매우 어렵겠네요? 또 회사를 만들었다고 하더라도 성공한다는 보장도 없고."

"그래. 그게 현실이야. 사업의 세계는 그것을 접해 보지 못한 사람들이 이해하기 힘든 측면이 있지. 우리 형만 해도 그래. 형도 한때 잘나가는 회사에 있다가 창업을 했는데 초기에 엄청 힘들었어. 지금이야 시간이 흘러 어느 정도 분위기에 적응해서 살 만하지만."

"팀장님, 저도 언젠가는 회사를 만들어 한번 도전을 해 봐야 하지 않겠습니까?"

"어허, 왕초보, 왕초보는 들어온 지 얼마 되지 않았는데 벌써부터 창업타령을 하면 어떡하나! 그런 생각은 보류하고 이곳에 근무하는 동안만이라도 열심히 배워라. 조직도 배우고 경영도 배우고 그렇게 하면 몇 년이 흐른 뒤에는 또 다른 세계가 있음을 알게 될 테니."

이절세 팀장은 왕초보가 생각하는 것이 그렇게 나쁘지는 않다고 느꼈다. 오히려 지금 같은 시대에는 왕초보 같은 친구들이 더 각광을 받을 수 있을 거라는 생각을 했다.

'그래, 회사에 몸담고 있는 모든 사람들이 경영자처럼 생각하고 행동하면 그 회사는 금방 클 수밖에 없을 거야. 하지만 경영자가 경영자처

럼 생각하지 못한다면 그 회사는 전망이 밝다고 할 수 없겠지.'

이절세 팀장은 CEO의 역할에 대해 잠시 생각을 했다.

"왕초보, 전 사원들은 기업이 목표한 바를 사업계획서를 통해 알 수 있고, 그 목표를 달성하기 위해 합심해 매진하는 것이 중요하겠지. 물론 전 사원이 목표를 향해 돌진하도록 하기 위해서는 경영자의 마인드가 중요할 것이고. 물론 목표를 달성하는 과정에서 경영자는 전 직원에게 동기부여를 해 줄 필요가 있을 거야. 아, 어떤 기업은 사원들을 위해 주식도 나눠 주었대. 주식을 주니까 사원들이 내 기업이구나 이렇게 생각하고 더 열심히 일을 하더라는 거야. 그런 마음에서 일들이 처리되니까 일이 재미있고 그리고 성과도 많이 나고."

"아, 팀장님의 말씀에 동의합니다. 그렇지만 현실적으로 종업원에게 주식을 나눠 준 회사가 얼마나 되겠습니까? 모두들 종업원에게 지급되는 급여나 기타비용을 비용으로 취급하고 이를 어떻게 하면 적게 지급하면서 많이 남길 것만 연구한 것 같은데."

"물론 그런 기업도 있겠지. 하지만 제대로 된 기업, 그리고 제대로 된 CEO라면 종업원과 함께 성장한다는 데 동의할 거라고 봐. 그래야 목표도 달성할 수 있고 기업가치도 높아지겠지. 종업원을 비용으로 취급하면 종업원을 채용하지 않아야 되겠지. 하지만 종업원 없이 회사가 굴러가나? 이런 기업은 무리하게 이익을 더 얻으려 하다가 쪽박 차기 십상이야."

"아, 경영자의 마인드는 매우 중요할 것 같습니다. 이 분들이 어떻게 생각하는가도 종업원들의 사기에 영향을 주고 기업가치에도 영향을 주니까요."

"맞아. 그래서 경영자는 경영이라는 밑그림을 잘 그려서 모든 사원들이 자발적으로 경영에 참여하는 시스템을 잘 만들 필요가 있어. 물론 잘하는 사람한테는 보상을, 잘 못하는 사람에게는 불이익을 주는 체제로 운영이 되면 회사는 잘 돌아갈 거야."

직원들도
경영 마인드를 가져야 한다

기업의 실무담당자들도 의사결정을 내려야 할 때가 많다. 예를 들어 보고서를 작성하거나 제안서를 작성할 때 또는 외부에 견적서를 제출할 때에도 나름대로 의사결정이 필요한 것이다.

그렇다면 어떻게 하면 실무자들이 의사결정을 잘할 수 있을까?

물론 실무자들이 내려야 할 의사결정이 일상적인 업무 수준에서 발생한 것이라면 큰 문제는 없기 때문이다. 의사결정이 정형화돼 있으므로 이를 그르칠 가능성은 크지 않다. 다만, 신제품 가격을 결정하거나 마케팅기획 등의 업무를 하면서 의사결정을 내려야 한다면 만만치 않은 작업이 될 것이다.

물론 이에 대한 최종 결정은 위임전결규정에 의해 진행될 것이고 그에 따른 책임자가 있게 마련이다. 그렇다고 이를 검토한 실무자의 책임이 없는 것은 아니다. 실무자 본인의 검토 및 판단실수로 자료가 잘

못 작성됐을 수도 있기 때문이다. 결국 실무자들은 어찌됐던 간에 의사결정을 잘해 낼 필요가 있다.

예를 들어 다음과 같은 상황에서 어떤 식으로 의사결정이 내려지는지 그 과정을 알아보자.

사례 ···

OO기업은 자동차를 제조 및 판매하는 회사이다. 그런데 최근 유가가 급등 하자 차량판매가 급감했다. 이 기업 마케팅부서에서 근무하고 있는 최기획 대리는 판매를 제고시키기 위해 판매촉진안을 만들어 마케팅부서를 이끌고 있는 나 부서장에게 보고하고자 한다.

최 대리는 어떤 과정을 거쳐 나 부서장에게 보고했을까?

먼저, 최 대리는 판매부진의 이유를 정확히 분석할 것이다. 전년 동기 월부터 시작해 전월 등과 수치를 비교해 보고, 동종업계 기업과도 비교할 것이다. 더 나아가 자동차 판매에 영향을 주는 내외적인 모든 요소를 분석해 그 원인을 찾아낼 것이다.

그 다음에 원인이 밝혀졌다면 그에 대한 대책을 강구하게 될 것이다.

대책은 동원 가능한 수단을 나열하고 그중 가장 효과적인 대안을 분석할 것이다. 예를 들면 최 대리가 검토한 대책안들은 다음의 것들 중 하나 또는 그 이상이 될 수 있다.

- 가격을 인하한다.
- 유통경로를 바꾼다.

- 판매촉진을 강화한다.
- 광고를 강화한다.

최 대리는 이 중 판매촉진을 강화하는 안을 선택했다고 하자. 물론 실무적으로는 앞에서 본 다른 방법들과 함께 동시에 진행할 수도 있을 것이다.

만일 판매촉진만을 생각한다면 판매촉진의 대안들을 열거한다. 예를 들면 영업사원들에 대한 수당지급을 강화하거나 구매자에 대한 인센티브 제공 또는 동시에 이들에 대한 인센티브를 제공하는 방식으로 전개가 될 수 있다.

이상과 같은 절차를 통해 각 대안 간의 장단점을 나열하고 소요예산을 책정하며 향후 예상되는 효과를 분석하게 된다. 즉 다음과 같은 형식으로 대안 간에 평가할 수 있도록 자료를 준비한다.

대안	장점	단점	예산	기대효과
1				
2				
3				

또 이렇게 각 대안 간의 특징을 나열하고 그중 특정 대안을 선택할 수 있도록 의견을 개진한다. 예를 들면 '대안 3이 장점이 많고 기대효과가 크기 때문에 대안 3으로 시행하고자 함'이라는 검토의견을 붙일 수 있다. 물론 이러한 최 대리의 의견은 나 부서장이나 담당임원의 검토과정에서 수정될 수도 있다.

실무적으로 이러한 보고서가 잘 통과되고 효과를 잘 내기 위해서는 원인분석과 대책안이 유기적으로 검토돼야 한다. 그리고 대책안에는 반드시 예산대비

기대효과가 들어 있어야 한다. 예산은 1억 원이 투입됐는데 그 효과가 그에 미달한다면 그 기획안은 채택되기가 힘들기 때문이다. 물론 기획안이 받아들여지지 않았다고 하더라도 문제는 없다. 시행착오를 거친 후에 업무능력이 늘어나기 때문이다. 한편 어떤 기획안이 채택돼 시행이 됐다면 이에 대한 평가 과정은 반드시 갖출 필요가 있다. 그래야 다음 기회에 더 능동적으로 대처할 수 있기 때문이다.

실무자들은 이러한 과정을 자꾸 거치게 됨으로써 기획능력을 향상시킬 수 있다.

※ 저자 주

이하의 사업계획서 작성이나 예산에 대한 내용은 초보자나 비재무인의 관점에서 보면 다소 어려울 수 있다. 따라서 이 부분은 읽지 않고 건너뛰어도 무방하다. 다만, 회사가 어떤 원리로 운영되는지 이에 대해 알고 싶다면 대략적으로라도 봐 두는 것이 좋을 것으로 보인다.

유능한 직원에게 인센티브는 팍팍!

판매계획서
작성 방법

"팀장님, 지금까지 그 누구보다도 많은 공부를 해 왔습니다. 회계원리, 재무제표 작성법, 관리회계 등. 그런데 이렇게 배운 지식을 가장 잘 써먹을 수 있는 데가 바로 사업계획서를 만드는 데 있다는 것을 알았습니다."

왕초보의 얘기를 듣는 순간 이절세 팀장은 흠칫 놀랐다.

'아, 이 친구, 나도 잘 모르는 사업계획서 얘기를 하고 있군.'

"그래? 어떻게 써먹을 수가 있지?"

"네. 일단 지금까지 배운 회계와 재무제표는 과거의 경영성과를 기록한 것들이라고 할 수 있습니다. 원가정보는 사업연도 중에 경영을 원활히 하기 위해 필요했습니다. 그런데 앞으로 기업이 어떻게 해야 하는지 그에 대한 답은 사업계획서에 있는데요. 이 사업계획서가 바로 우리가 그동안 배워 왔던 것들을 모두 활용해 만들어진다는 것입니다."

정말 왕초보의 말대로 그럴까?

많은 기업들이 사업계획을 세우고 사업계획 상의 목표를 달성하기 위해 피나는 노력을 한다. 그런데 사업계획서를 보면 대개 경영목표가 들어가 있고 이를 달성하기 위한 구체적인 방법들이 들어 있다. 모두가 기업이 성장 유지하기 위해 필요하다.

그런데 사업계획을 수립하는 과정에서 가장 중요한 절차는 바로 판매계획을 세우는 일이다. 어차피 기업은 물건을 만드는 것만 능사가 아니요, 외부에 공짜로 용역을 제공하는 것도 의미가 없다. 물건이든 서비스든 외부에 팔려야 의미가 있다는 뜻이다.

그렇다면 판매계획은 어떻게 세워야 할까?

이를 사업계획서 작성 차원에서 살펴보자. 일반적으로 사업계획 과정은 다음과 같다.

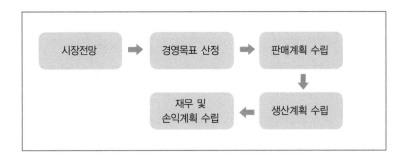

사업계획은 당해 기업이 속한 산업과 시장의 동향 등을 먼저 분석할 필요가 있다. 경제전망이나 기업의 경영환경 분석 그리고 시장분석을 실시해서 기업이 나아갈 방향과 경영전략을 마련하는 토대를 구축해야 하기 때문이다.

이러한 환경 분석을 한 후에 경영목표를 잡게 된다. 만약 기업을 둘러싼 환경이 어두운 경우에는 경영목표가 축소될 가능성이 높아진다. 예를 들어 유가가 1배럴당 60달러에서 70달러로 올라간다고 전망됐다면 이런 정보는 당해 기업의 목표를 잡는 데 부정적인 영향을 미칠 수가 있다.

보통 경영목표는 매출이나 시장점유율 또는 이익 등 구체적인 수치로 표시될 수 있다. 그런데 이들 목표는 모두 판매계획과 연관성이 있다.

이 판매계획은 기본적으로 수요예측이 전제된 상황에서 자사의 영업조직과 유통망, 광고홍보, 판매력 등을 감안해 실현 가능성이 있게 마련돼야 한다. 능력을 벗어난 계획은 이를 만들지 않는 것만 못할 수 있기 때문이다.

판매계획은 다음과 같이 총 시장규모와 자사제품 수요를 전망하는 것부터 출발하는 경우가 많다.

구분	시장 총규모 예상	자사제품 수요 전망		
		1차 연도	2차 연도	3차 연도
내수 수출				
계				

이렇게 판매량이 확정됐다면 이에 판매단가를 곱하면 매출액이 나온다. 이 매출액은 계획상의 매출액이 되므로 바로 목표 매출액이 된다. 실무적으로 이 매출액은 시장 총수요에 목표 시장점유율과 판매단가를 곱해 구할 수도 있지만 앞에서 배운 손익분기점 분석을 통한 방

법이나 총자산 회전율 등의 방법을 통해 구할 수도 있다.

예를 들어 손익분기점 원리를 활용해 다음과 같이 목표 매출액을 추정할 수 있다(179쪽 참조).

- 목표매출액 = $\dfrac{\text{고정비} + \text{목표이익}}{\text{공헌이익률}}$

한편 총자산 회전율을 이용하는 방법은 자사가 보유하고 있는 총자산의 몇 배로 매출액을 올려야 한다는 개념으로 이는 자산의 효율성에 근거한 방법이다.

- 목표매출액 = 총자산 × 목표 총자산 회전율

〈판매계획 수립을 위한 세부지침〉

- 판매계획은 월별·제품별·부서별·담당자별·거래처별로 계획한다.
- 판매계획은 향후 판매촉진(거래할인·장려금 지급 등)계획을 감안해 작성돼야 한다.
- 판매계획은 판매증대를 위한 영업사원 충원과 홍보정책 등과 연계돼야 한다.
- 판매계획은 업적평가와 연계돼야 한다.

손익계획
수립 방법

"왕초보! 그 중요한 판매계획을 잘 세웠다고 하자고? 그렇다고 이것만을 가지고 사업계획이라고 할 수 없겠지?"

"그렇죠. 일단 기업은 이익을 먹고 사니까 이익계획을 잘 세울 필요가 있습니다. 물론 이익은 목표 매출액에서 비용을 빼기만 하면 되고요."

"맞다. 왕초보, 그런데 이런 것들은 우리가 지금까지 배워 온 것들 아니야? 뭐, 손익계산서도 그렇고 대차대조표도 그렇고."

"맞습니다. 다만, 사업계획서 상의 숫자들은 과거에 확정된 것들이 아니라 추정된 것들입니다."

이절세 팀장은 사업계획서의 내용이 그려지기 시작했다.

'음, 그동안의 회계상 재무제표는 이미 발생한 사실을 숫자로 기록한 것이므로 정확하게 처리하면 되는 것들이었어. 그런데 사업계획서 상 재무제표는 미래를 추정할 수밖에 없으므로 각각의 요소들을 어떻게 추정하느냐에 따라 그 내용이 확연히 달라질 수밖에 없을 것 같군.'

"그래, 왕초보, 잘 들었어. 구체적으로 설명을 더 해 봐."

왕초보는 팀장에게 자신이 공부한 내용을 전달하는 데 신이 났다.

실무적으로 판매계획과 손익계획은 아주 밀접한 관련성이 있다. 어차피 기업은 판매를 통해 이익을 얻고자 노력하기 때문에 판매와 이익이 따로따로 가는 것은 의미가 없다.

그렇다면 손익계획은 어떻게 마련해야 할까?

일단 손익계획은 손익계산서 구조를 활용하면 쉽게 이해가 될 것이다.

구분	계획
매출액	매출계획 : 판매수량×판매단가
매출원가	생산계획 : 생산수량×제조원가 구매계획 : 구매수량×구매단가
매출총이익	
판매관리비	판매관리비 계획 : 예산수립
영업이익	
영업외수익 · 비용	이자수익, 이자비용계획 등
법인세차감전이익	
법인세비용	
당기순이익	

첫째, 매출계획은 판매계획에서 나온 판매수량과 판매단가를 곱해서 잡는다. 이때 매출계획을 잡을 때는 매출채권에 대한 회수방안을

고려해 자금수지계획 등에 연계시키도록 한다.

둘째, 매출원가와 관련된 계획에는 생산계획과 구매계획 등이 있다. 매출원가의 구성요소는 크게 재료비와 노무비 각종 경비로 구성된다. 그런데 생산이나 구매계획은 앞의 판매계획과 매우 밀접하다는 점을 기억할 필요가 있다. 판매계획에 따라 생산량이 달라지고 달라진 생산량에 필요한 인원이나 자재 등의 소요량도 달라지기 때문이다. 일반적으로 생산량은 다음과 같은 방식으로 결정된다.

- 생산량 = 판매량 + 기말재고량 - 기초재고량

이 식은 먼저 판매계획에 의거 판매량이 결정되면 기말재고계획에 따라 생산량이 결정된다는 것을 보여 주고 있다. 이렇게 생산량계획이 완성되면 이에 맞는 재고계획과 인원계획 그리고 제조경비 계획 등을 세울 수가 있게 된다.

셋째, 판매관리비계획을 보자.

판매관리비는 매출을 달성하는 데 필수적으로 들어간 비용 성격을 띠고 있으며, 한편으로는 이익을 축소시키는 성격을 띠고 있다. 따라서 기업이 이익을 극대화하기 위해서는 매출을 극대화하면서 판매관리비를 최대한 줄이는 것이 필요하다. 하지만 매출을 올리는 동시에 판매관리비를 줄이는 일은 현실적으로 쉽지 않다. 매출액이 증가하면 필연적으로 판매관리비가 증가하는 경우가 많기 때문이다.

따라서 판매관리비는 비효율이 발생하지 않도록 예산개념을 도입해 관리할 필요가 있다. 특히 판매관리비 중에서 많은 비중을 차지하는 인건비의 경우 충원계획부터 세밀히 잡을 필요가 있다. 현업부서의 충원요청을 무작정 받아들여도 안 되고 그렇다고 이를 무시할 수도 없으므로 사전에 직무분석이나 성과평가 등의 체제를 갖춘 후 적정인원을 유지할 수 있는 시스템을 만들어 두는 것이 필요하다. 인원계획 및 인건비 명세의 작성은 다음과 같이 한다.

구분		월평균임금 (천 원)	전년도 실적		당해연도 계획	
			인원	금액	인원	금액
관리부문	임원					
	사무직					
	기타					
	소계					
생산부문	관리직					
	생산직					
	소계					
총계						

자금수지계획
수립 방법

사업계획서를 작성할 때 무엇보다도 판매계획을 잡는 일이 가장 중요하다. 이 부분이 흔들리게 되면 그 뒤의 과정들은 보지 않아도 흔들릴 게 뻔하기 때문이다.

일단 판매계획이 잘 잡혔다면 이제는 자금수지계획과 대차대조표계획을 마련할 필요가 있다. 특히 그중 자금수지계획은 기업운영과정에서 매우 중요한 역할을 하기 때문에 제대로 작성할 필요가 있다. 자금흐름이 불량하면 자금조달비용이 높아지고 그런 양상이 지속되면 기업의 재무위험이 높아질 수 있기 때문이다. 다만, 이하의 내용은 초보자나 비재무인의 관점에서는 다소 어려운 부분이 될 수 있으므로 건너뛰어도 하등 문제가 없다.

자금수지계획은 앞으로 받을 돈에서 지급할 돈을 영업활동, 투자활동, 재무활동별로 나열한 후 자금과 부족액을 산출해 자금과부족에 따른 대책활동까지 포괄하도록 한다. 만일 내년에 많은 투자비가 지출될 예정이라면 영업활동만으로는 투자비 재원을 마련하기가 힘들 수 있으므로 차입금이나 증자 등을 통해 이를 해결할 수밖에 없을 것이다.

실무적으로 자금수지계획은 다음과 같은 형식으로 작성할 수 있다. 물론 그 밖에 별도로 각 기업의 특성에 맞는 관리방식이 있을 수 있다.

구분		항목	금액
기초현금			
원천	영업활동 관련		
	투자활동 관련	- 유가증권 매각	
	재무활동 관련	- 대여금 회수 - 차입금 차입	
	원천 계		
운용	영업활동 관련		
	투자활동 관련	- 시설투자	
	재무활동 관련	- 차입금 상환 - 대여금 증가	
	운용 계		
자금과부족			
조달 또는 운용	은행차입 회사채 기타		
	조달 또는 운용 계		
기말현금			

위에서 원천은 자금이 유입되는 형태를 말한다. 일반적으로 기업의 자금원천은 크게 영업활동을 통해 들어온 돈, 투자자산 등을 매각해

들어온 돈, 그리고 차입금 등 재무활동을 통해 들어온 돈으로 구성된다. 운용은 크게 시설비 등의 지출이나 차입금 상환 등으로 구성된다.

한편 이러한 현금흐름 중 1차적으로 중요성이 있는 것은 영업활동으로 인한 현금흐름이다. 영업활동으로 인한 현금흐름이 좋아야 기업이 활동성 있게 돌아가기 때문이다.

영업활동 관련 현금흐름을 좋게 하기 위해서는 매출채권관리에 관심을 기울일 필요가 있다. 예를 들어 기초 매출채권이 10억 원이고 당해연도 목표 매출액이 100억 원이라면 이 기업은 총 110억 원의 매출채권을 갖게 된다. 다만 그중 얼마만큼의 현금이 당해연도에 유입될 것인지는 기말 매출채권계획에 따라 달라진다. 만일 기말채권을 10억원으로 했다면 당해연도는 매출액에 해당하는 100억 원이 유입돼야할 것이다.

통상 기말매출채권은 목표 매출채권 수금일수를 적용해 다음과 같이 계획을 잡는다.

- 목표 매출채권 수금일수 $= \dfrac{\text{목표 매출채권}}{\text{매출액}} \times 100$

- 목표 기말매출채권 = 1일 평균 매출액 × 목표 매출채권 수금일수

예산을 통한
경영관리법

"예산은 또 뭡니까? 우리가 생각하는 예산은 고작해야 내가 쓸 돈 정도라고 생각하는데……."

왕초보가 사업계획 수립 등을 공부하면서 예산이라는 단어를 접하고는 이 팀장을 향해 다소 맥 빠진 소리로 말한다.

"글쎄다, 나도 잘 모르겠다. 나라는 300조 원 넘게 예산을 쓴다고 하던데. 아, 그러고 보니 예산은 초보 씨가 얘기한 것처럼 '현금을 지출할 수 있는 한도'를 말하는 것이 아닐까?"

"정말 그런 것 같습니다."

왕초보와 이절세 팀장은 예산에 대해 나름대로 결론을 내렸다.

그렇다면 이들의 생각이 옳을까?

일반적으로 우리가 쓰는 예산(Budget)의 개념은 앞에서 이절세 팀장이 말한 것과 같다. 즉 현금을 지출할 수 있는 한도를 의미한다. 이러한 개념은 정부기관에서 즐겨 사용되고 있다. 올해 예산이 얼마인데 얼마를 집행한다는 식의 개념이다.

하지만 기업에서의 예산은 이런 개념과는 다소 차이가 난다.

기업은 변화무쌍한 환경에서 미래를 예측하고 이에 대한 대비를 미리 하고 있어야 한다. 그런데 이게 말처럼 쉬운가!

그래서 많은 기업들은 사업계획서 등의 작성 과정에서 미래를 그려 보고 그에 따른 계획과 대응책을 현시점에서 마련함으로써 경영목적을 달성해 가고 있다. 이런 과정에서 필연적으로 등장하는 것이 바로 예산(豫算, Budget) 개념이다.

따라서 결론적으로 말하면 예산은 미래에 대한 기업의 경영목표와 사업계획을 수치로 표현한 것이다. 예를 들어 경영목표가 시장점유율 20%라면 그리고 이를 달성하기 위해 사업계획을 구체적으로 수립했더라도 이들의 결과는 수치로 관리할 필요가 있다. 수치로 관리하면 성과평가도 할 수 있고 책임을 나눠 가질 수도 있기 때문이다.

그래서 대부분의 기업에서는 기업의 판매, 생산, 구매, 재무 등의 모든 측면을 요약한 전체계획을 수치로 나타낸다. 이를 '종합예산(Master Budget)'이라고도 하는데, 이렇게 하면 전 직원 또는 전 부서가 하나의 목표를 위해 참여할 수 있고 성과평가를 하기가 용이해진다.

그렇다면 이러한 예산제도는 어떤 기업이 도입해야 하는가?

현실적으로 보면 기업 규모가 커질수록 이의 필요성이 커진다. 규모가 작은 기업은 사장이 사업계획과 실적에 관한 정보를 모두 통제할 수 있으므로 예산의 필요성이 낮다. 다만, 요즘처럼 소규모 기업이 하루아침에 도산하는 일이 많은 것으로 보면 이들 기업도 이 제도를 도입해야 할 필요성이 점점 증가하고 있다.

이런 반면 규모가 큰 기업은 경영자가 모든 상황을 통제할 수 없게 되므로 이런 상황에서는 자연스럽게 책임과 권한의 위양문제가 나올 수밖에 없다. 예산제도는 이러한 문제들을 해결할 수 있는 기회를 제공한다. 구체적인 계획수치가 있으므로 이에 실적을 대비하여 평가할 수 있기 때문이다.

이제 어떻게 예산을 편성하고 이를 통제해야 하는지 알아보자.

예산은 기업목표 등을 달성하기 위해 전사 및 사업부문별로 편성돼야 한다. 물론 분기 또는 월별로 그리고 부서별로 편성할 필요가 있다. 그래야 예산을 집행할 때 예산통제를 하기가 쉽고 또 실적과 비교하기가 용이하기 때문이다. 그 밖에도 성과평가에서 도움을 받을 수 있다.

〈종합예산편성절차〉

종합예산을 편성하는 절차는 다음과 같다.

1. 예산편성 방침의 결정 및 부서에 전달
2. 부문예산안의 작성
3. 부문예산안의 조정과 종합예산안의 작성
4. 부문예산안 및 종합예산안의 심의
5. 예산의 결정

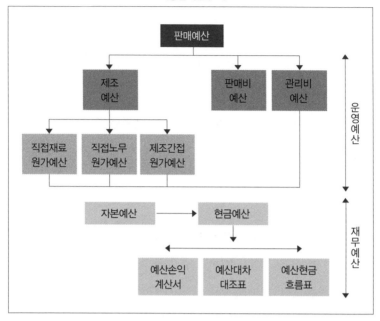

〈종합예산구조〉

판매예산

제조예산 | 판매비예산 | 관리비예산

직접재료원가예산 | 직접노무원가예산 | 제조간접원가예산

운영예산

자본예산 → 현금예산

예산손익계산서 | 예산대차대조표 | 예산현금흐름표

재무예산

종합예산은 먼저 예상판매량에 예상판매가격을 곱해 판매예산을 수립한다. 이에 따라 제조예산을 수립하게 되고 이후 판매관리비예산을 수립하게 된다. 그리고 이들을 바탕으로 현금예산 등이 수립된다. 이렇게 예산을 편성한 결과들은 예산손익계산서, 예산대차대조표 등 기업회계상의 재무제표와 같은 모양새를 하고 있다. 다만, 이러한 예산 재무제표들은 과거의 기록이 아닌 미래의 추정치를 담고 있다는 것을 알 수 있다. 기업의 경영자는 이렇게 작성된 예산재무제표 상의 수치를 달성하기 위해 평소에 예산통제를 하고 실적과 비교해 가면서 경영목표를 달성하게 된다.

예산의 핵심,
판매 및 판매관리비예산 편성하기

각 기업에서 예산제도가 전 부서를 대상으로 시행되면서 각 부서 간의 협조가 매우 필요하게 됐다. 그런데 각 부서 또는 개인들이 경영목표와는 달리 자기 부서나 개인을 위해 의사결정을 내리는 경우가 있다.

예를 들어 영업부서에서 3/4분기에 판매가 부진하자 판매촉진을 위해 예산 1억 원을 투입하고자 한다. 그런데 문제는 이 분기에 할당받은 예산을 별 성과도 없이 집행을 해 버려 이번 분기에 쓸 예산이 없다고 하자.

이런 상황에서 영업부서는 이 1억 원을 마련하기 위해 경영관리부서와 싸울 수밖에 없다. 경영관리부서는 사업계획서에 없던 돈 1억 원을 순순히 승인해 줄 수가 없기 때문이다.

그렇다면 이러한 상황에서 필요한 예산 1억 원은 어디에서 충당해야 할 것인가?

일반적으로 이 예산을 통제하는 권한은 경영관리(또는 지원)부서에서 가지고 있다. 하지만 당초 할당된 예산 범위를 벗어난 부분은 경영관리부서에서도 어찌할 도리가 없다. 따라서 이러한 상황이라면 해당 부문의 담당임원이 CEO와의 협의를 거쳐 시행 여부가 결정될 가능성이 높다.

이런 과정을 거쳐 확정됐다고 하더라도 경영관리를 책임지는 부서는 그 나름대로 고충이 있다. 당초 목표한 판매량은 당초 배정된 예산 범위 내에서 달성돼야 경영목표를 달성할 수 있고 나름대로 예산편성의 타당성을 갖게 된다. 추가예산이 투입되면 경영목표도 달성하기 힘들어질 뿐만 아니라 예산이 갖는 기능이 퇴색할 수 있기 때문이다.

따라서 예산편성은 현실적으로 할 필요가 있고 또한 예산 대 실적평가를 제대로 해 그에 따른 책임소재를 분명히 가릴 필요가 있다.

그렇다면 예산편성은 구체적으로 어떻게 해야 하는 것일까?

예를 들어 판매예산과 판매관리비예산을 수립하는 방법을 알아보자.

〈판매예산〉

○○기업은 작년에 국내 컴퓨터(데스크탑) 시장의 20%를 점유했다. 컴퓨터 시장규모는 200만 대였으며, 평균판매가는 100만 원(부가가치세 제외)이었다.

○○기업은 올해 컴퓨터에 대한 판매예산을 잡고자 한다. 그러나 올해의 컴퓨터 시장은 노트북 시장의 위축으로 10% 정도 감소될 것으로 예상되며, 판매가는 경쟁이 격화돼 10만 원 정도 하락할 것으로 분석됐다.

시장점유율은 변동이 없다고 한다면 올해 이 기업의 판매예산은?

- 올해 컴퓨터의 시장규모: 200만 대×90% = 180만 대

- 시장점유율: 20%

- 예산판매수량: 180만 대×20%=36만 대

- 예산판매가격: 90만 원

- 예산매출액: 36만 대×90만 원=3,240억 원

〈판매관리비예산〉

위 ○○기업에서는 각 부서별로 판매관리비에 대한 예산을 다음과 같이 책정했다.

	총무부	영업부	경리부	자재부
판매직 사원(명)		100		
관리직 사원(명)	5	20	10	20
판촉비(매출액의 1.5%)		4,860,000,000		
접대비	10,000,000	20,000,000	10,000,000	50,000,000
교육비(1인당 100만 원)	5,000,000	120,000,000	10,000,000	20,000,000

위의 판매직 사원의 연간 급여는 1인당 평균 4,000만 원, 관리직은 3,000만 원이다. 이 같은 정보를 바탕으로 판매관리비예산은 다음과 같이 수립할 수 있다.

	총무부	영업부	경리부	자재부	계
인건비(판매직)		4,000,000,000			4,000,000,000
인건비(관리직)	150,000,000	600,000,000	300,000,000	600,000,000	1,650,000,000
판촉비(매출액의 1.5%)		4,860,000,000			4,860,000,000
접대비	10,000,000	20,000,000	10,000,000	50,000,000	90,000,000
교육비	5,000,000	120,000,000	10,000,000	20,000,000	155,000,000
계	165,000,000	9,600,000,000	320,000,000	670,000,000	10,755,000,000

이렇게 판매예산이나 판매관리비예산 등 각종 예산을 수립하게 되면 다음과 같은 예산손익계산서를 만들 수 있다.

매출액	324,000,000,000원
매출원가	?
매출총이익	?
판매관리비	10,755,000,000원
영업이익	?

다만, 이상과 같은 예산을 수립하는 과정에서 몇 가지 유의할 사항이 있다.

첫째, 판매예산의 경우 판매목표를 정할 때 자칫 영업부서나 생산부서 등의 반발을 불러일으킬 가능성이 있다는 것이다. 예를 들어 시장을 긍정적으로 보아 판매목표를 높게 잡은 경우 영업부서는 가중된 판매량에 대해 압박을 느끼게 된다. 또 생산부서도 마찬가지다. 따라서 예산수립 시에는 이런 요소들을 충분히 감안할 필요가 있다. 예산목표를 현업부서가 받아들이지 못하면 목표와 따로 놀 가능성이 높고, 그렇다면 예산의미 또한 퇴색할 수밖에 없기 때문이다.

둘째, 위의 판매관리비예산을 보면 각 계정과목별 그리고 각 부서별로 금액이 책정돼 있다. 그런데 여기서 계정과목별 예산통제는 경영관리부서에서 하게 되지만, 각 부서에 배정된 예산통제는 1차적으로 각 부서장들이 해야 한다. 예를 들어 영업부는 연간 판촉비를 48억 원 내외에서 집행할 수 있는 권한을 갖는다. 물론 이 판촉비예산은 영업부서가 1년 동안 하는 일(각종 이벤트 등)에 대한 예산이나 이를 집행하는 책임을 영업부서장(또는 담당임원)이 갖는 것이다.

실무적으로 보면 이러한 예산들은 부서 내에서 월별로 쪼개져서 집행되고 있다.

셋째, 예산은 말 그대로 미래계획을 수치로 표현한 것에 지나지 않는다. 따라서 예산대로 실적이 따라오지 않는다. 그런데 실적은 나쁜데 예산은 그대로 집행하는 경우가 있다. 예를 들어 당월 판매는 100억 원을 목표로 했는데 실제매출은 80억 원이 일어났다면 20억 원만큼이 기업에 나쁜 영향을 주게 된다.

따라서 예산제도는 상황에 따라 탄력적으로 대응할 수 있어야 한다.

매출차이 분석 방법

"팀장님, 예산제도는 결국 CEO가 경영의 일부를 중간관리자에게 넘기는 것이라고 할 수 있겠네요."

"그래. 규모가 큰 기업일수록 CEO가 모든 상황을 통제할 수 없기 때문에 필연적으로 의사결정 권한을 일부 위양할 수밖에 없지. 뭐, CEO는 계획과 실적을 비교해 문제점이 드러나면 대책을 꾸리면 될 것이고……."

"그럼, 어떻게 계획과 실적을 비교하나요?"

"……."

일단 예산이 확정됐다면 각 부서는 예산상의 목표를 위해 열심히 노력하게 된다. 그 결과는 실적으로 남게 된다.

그런데 문제는 예산과 실적이 일치하지 않는 경우가 종종 일어난다는 것이다. 따라서 예산제도를 도입한 이상 계획과 실적의 차이원인을 분석하는 것이 옳다. 물론 그 밖에 전월의 실적이나 전 분기 또는 전년도 그리고 동종업계 실적을 병행해 비교할 수도 있을 것이다.

이하에서는 계획과 실적을 비교하는 방법을 보자. 예를 들어 앞의 ○○기업의 10월 계획은 다음과 같다.

> 매출액 : 40,000대 × 900,000원 = 360억 원
>
> 매출원가 : 40,000대 × 700,000원 = 280억 원
>
> 판매관리비 : 10억 원
>
> 영업이익 : 70억 원

그런데 실적은 다음과 같이 집계가 됐다.

> 매출액 : 38,000대 × 800,000원 = 304억 원
>
> 매출원가 : 38,000대 × 750,000원 = 285억 원
>
> 판매관리비 : 10억 원
>
> 영업이익 : 9억 원

이상과 같은 정보를 통해 우리는 이익이 계획대비 무려 61억 원(70억 원 - 9억 원)이 줄어들었음을 알 수 있다.

CEO로서는 이렇게 이익이 감소한 이유를 반드시 알아야 한다. 그래야 대책을 꾸릴 수 있을 테니까 말이다.

차이분석은 매출과 매출원가 등의 순서대로 할 수 있으나 여기에서

는 매출차이 분석만 해 보자.

통상 매출차이는 다음과 같은 구조를 보면 어디에서 발생하는지 쉽게 이해할 수 있다. 자세히 보면 매출차이는 매출수량과 매출단가에서 발생하고 있다.

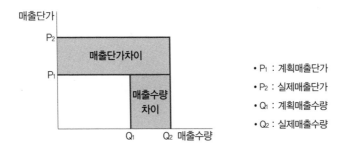

• P₁ : 계획매출단가
• P₂ : 실제매출단가
• Q₁ : 계획매출수량
• Q₂ : 실제매출수량

이 예에서 매출차이 분석을 하면 다음과 같은 결과가 나온다.

구분	계획	실적	차이(실적-계획)
매출수량	40,000대	38,000대	△2,000대
매출단가	900,000원	800,000원	△100,000원
매출액	360억 원	304억 원	△56억 원

당월의 이익차이인 61억 원 중 총매출차이가 무려 56억 원을 차지하고 있다. 이를 매출수량차이와 매출단가차이로 구체적으로 구분하면 다음과 같다(위의 그림을 통해 아래 식을 이해하도록 하자).

- 매출수량차이 : (38,000대 – 40,000대)×900,000원 = △18억 원

  실제수량(Q₂)　계획수량(Q₁)　계획단가(P₁)

- 매출단가차이 : (800,000원 – 900,000원)×38,000대 = △38억 원

  실제단가(P₁)　계획단가(P₂)　실제수량(Q₂)

- 계(매출차이): △ 56억 원

CEO는 이러한 분석결과를 가지고 그 원인을 파악해 대책을 꾸려야 한다. 예를 들어 매출수량차이는 경기침체에 의해 판매량이 축소됐고, 매출단가차이는 주로 가격할인정책에 의해 발생했다면 이에 맞는 처방을 내릴 필요가 있다는 것이다.

구체적으로 경기침체에 의한 경우라면 사업계획을 수정하고, 매출단가의 인하의 경우라면 인하폭을 제한하는 등의 조치를 취한다.

인센티브 시스템을
구축하는 방법

"아, 경영자들은 너무 피곤할 것 같아요. 예산자료도 챙겨야 하고 차이분석 자료도 챙겨야 하고."

"왕초보, 하지만 그렇게 해서라도 회사가 잘 돌아가면 보너스도 두둑하게 받고 또 주식을 갖고 있다가 대박을 터뜨릴 수도 있지 않을까?"

"하지만, 팀장님. 모든 기업이 마음먹은 대로 잘되는 것은 아니지 않습니까? 여기저기서 한숨소리를 내는 것을 봐서는 말입니다. 그런 기업들도 필시 예산제도를 도입했을 텐데 말입니다."

"맞다. 왕초보, 예산제도를 도입하고 차이분석을 하더라도 이 부분이 성과평가와 연결되지 않으면 의미가 없을 수도 있지. 자고로 사람들은 자신에게 할당된 목표를 채우는 것은 잘하는데, 공동의 목표를 주면 잘 안 되는 경향이 있지. 그래서 잘된 기업은 성과평가에 아주 철저하다고 들었어. 그런 분위기가 정착되면 기업의 목표는 달성되고도 남겠지."

많은 기업들이 부서나 개인에 대해 성과평가를 제대로 하고 싶어 한다. 하지만 현실적으로 모든 부서나 개인을 만족시킬 만한 성과평가제도를 만들기가 힘들다. 그렇다고 성과평가를 하지 않는 것도 문제가 된다.

그래서 성과평가를 생각하지만 실행이 되지 않고 그 대신 상사가 부하를 평가해 승진이나 승급을 시켜 주고 있다. 물론 이러한 방법은 매우 주관적일 수밖에 없으며 평가자의 오류에 의해 여러 가지 문제점을 드러내는 한계점이 있다.

이러한 측면에서 책임회계제도의 도입 필요성이 제기된다.

책임회계제도(Responsibility Accounting)란 발생된 거래기록에 대해 누구의 책임범위에 속하는지 명확하게 구별하고 각 책임자별로 수익과 원가를 집계하는 제도를 말한다. 물론 이렇게 함으로써 책임자별로 성과를 파악할 수도 있고 아울러 원가를 통제할 수도 있다.

그렇다면 책임회계제도는 무엇이고 구체적으로 어떻게 적용해야 할까? 각 기업을 보면 생산부는 원가만 발생시키고, 판매사업부는 수익을 발생시킨다. 그러면 이들을 동일한 잣대로 두고 평가할 것인가?

책임회계제도는 각 부서의 특성 또는 업무특성에 따라 다음과 같은 책임중심점을 두어 평가하도록 한다.

원가중심점 특정원가의 발생에 대한 통제를 책임진다.

수익중심점 수익의 획득에 대한 통제를 책임진다.

이익중심점 수익과 원가 모두에 대한 책임을 진다.

투자중심점 원가와 수익 및 투자수익률에 대한 책임을 진다.

이러한 책임중심점을 설계할 때는 권한을 동시에 위양해야 하며, 원가책임도 통제가 가능한 범위 내에 있는지 점검해야 한다. 이러한 내용을 다음과 같은 손익계산서로 이해해 보자.

	A부문	B부문	회사 전체 계
매출액			
변동제조원가	×××	×××	×××
제조공헌이익			
변동판매관리비			
공헌이익	×××	×××	×××
통제가능고정원가			
사업부경영자의 공헌이익	×××	×××	×××
통제불가능고정원가			
영업이익	×××	×××	×××

예를 들어 판매사업부가 A부문과 B부문으로 나뉘어 있다고 하자. 그리고 이들을 맡고 있는 각 부서장이나 임원들은 이익에 대한 책임을 지도록 돼 있다고 하자.

그렇다면 각 부서장이 어느 부분까지 책임져야 하는가?

결론적으로 이들은 사업부경영자의 공헌이익까지는 책임을 져야 한다. 물론 제조원가는 판매부서에 몸담고 있는 본인과는 상관없으므로 이 부분은 제외된다. 따라서 매출액, 변동판매관리비, 통제가능고정원가를 책임져야 한다. 여기서 통제가능고정원가란 판매촉진비 등 매출액을 달성하기 위해 투입되는 비용으로서 부서장의 결재가 있으면 바로 지출되는 비용을 말한다.

하지만 이런 비용 외에 본사 일반관리직의 급여나 연구직의 급여 등을 배분받을 수 있다. 일반직 등의 급여도 궁극적으로 판매부서와 간접적으로 연관성이 있다고 보기 때문이다. 이런 논리 하에 회사 차원에서는 이들의 급여 등을 포함한 각종 공통비를 판매부분에 할당시키게 된다.

그러나 각 판매부문을 책임지고 있는 부서장이나 임원들은 이러한 공통비가 자신들과는 상관없이 발생한 것이므로 이에 대해 원가책임을 질 필요가 없다. 따라서 이렇게 통제 불가능한 공통원가는 사업부 평가 시 제외돼야 할 것이다.

이런 사업부 평가방식은 각 부서가 판촉비를 얼마나 썼는지 일일이 감시할 필요성을 제거하고 자율적인 사업부 경영을 보장하는 장점이 있다. 경영자는 정기적으로 사업부 경영상태를 점검하는 것으로 그만큼 시간을 절약할 수 있다.

〈지점의 성과평가〉

앞의 A부문을 이루고 있는 지점(또는 개인)을 평가한다고 하자. 이 경우에도 앞과 같은 요령으로 지점평가를 할 수 있다.

	A지점	B지점	C지점	A사업부 계
매출액				
변동제조원가				
제조공헌이익	×××	×××	×××	×××
변동판매관리비				
공헌이익	×××	×××	×××	×××
통제가능고정원가				
지점의 공헌이익	×××	×××	×××	×××
통제불가능고정원가				
영업이익	×××	×××	×××	×××

7

신입사원 왕초보,
드디어 재무제표를 자유자재로 활용하다

경영흐름과 재무제표와의
관계를 파악하라

"초보 씨, 손익계산서와 대차대조표의 관계는 이미 알고 있지?"

"물론이죠. 궁극적으로 손익계산서 상의 당기순이익은 대차대조표의 자본항목을 이룹니다. 열심히 일해 얻은 결과가 자본으로 축적되는 것이죠. 이렇게 축적된 자본으로 우량한 자산을 구입해 더 많은 매출을 올리고요."

이절세는 그 내용을 훤하게 보고 답변하는 왕초보가 대견스럽게 생각돼 혼자 중얼거렸다.

'이런 친구와 같이 일하는 것도 행운이야.'

"왕초보, 이제부터 지금까지 공부한 것을 정리하는 관점에서 재무제표와 경영과의 관계를 본격적으로 알아볼 거야. 지금 배워 두면 나중에 두고두고 써먹을 수가 있어. 자네가 중간관리자가 되고 임원이 되고 사장이 되더라도 마찬가지야. 만일 다른 회사로 가더라도 심지어

동종업종이 아닌 곳에 가더라도 마찬가지고. 또 회사를 차려 독립하더라도 똑같아. 우리가 공부했던 것 중에서 가장 중요한 대목이니 잘 해보자고."

다음 그림을 통해 재무제표와 경영과의 관계를 파악해 보자.

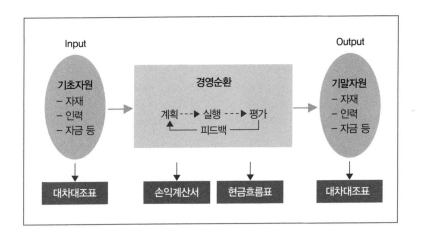

이 그림을 보면 재무제표와 경영은 매우 밀접한 관계에 있음을 어렵지 않게 알 수 있다. 기업은 경영활동을 통해 사업연도 초에 보유한 자원을 키우는 조직이라고 할 수 있다. 재무제표는 이런 과정에서 경영활동의 결과를 기록한 것이다.

그래서 실무적으로 회계와 재무제표가 어떻게 만들어지고 어디에 사용되는지 그리고 이들을 잘 활용하기 위해서는 경영의 내용을 이해할 필요가 있다. 경영을 이해하지 않고서는 회계나 재무제표 지식을 활용한다는 것은 '수박 겉핥기식'의 지식밖에 습득할 수 없다. 이는 재무제표를 먼저 이해하고 이를 경영에 활용하는 것이 아니라 경영을 먼저 이해하고 이를 활용한다는 뜻과도 같다.

그렇다면 경영이란 뭘까?

국어사전을 찾아보면 '이익이 나도록 회사나 사업 따위를 운영함'이라고 나와 있다.

여기서 중요한 단어는 '이익'과 '운영'이다. 일반적으로 이 이익을 벌어들이는 매개체는 회사가 된다. 물론 회사를 잘 굴러가도록 하는 것은 조직과 사람을 통해서다. 따라서 경영이라는 것은 목표로 한 이익을 달성하기 위해 조직과 사람을 잘 다루는 기술이라고도 표현할 수 있다.

따라서 기업은 경영을 펼칠 수 있는 조직단위가 되는 것이다. 물론 현실적으로 회사의 규모가 커질수록 조직이 좀 더 복잡하게 분화한다. 한 조직에서 모든 것을 맡아서 처리하는 것보다는 이를 일의 성격에 맞게 나눠 처리하면 훨씬 더 많은 이익을 창출할 수 있다고 보기 때문이다.

예를 들어 규모가 어느 정도 있는 기업을 보면 총무나 인사나 경영지원 그리고 영업, 생산 등의 부서(팀)가 있다. 총무팀은 주로 행사나 시설물 관리 등을 담당한다. 경영지원은 경영이 원활하게 이루어지도록 자원을 배치하고 평가하는 등의 업무를 담당한다. 영업은 자사의 제품이나 용역을 외부에 판매해 수입을 획득하는 업무를 담당한다.

이들의 업무성격은 회사를 경영하는 데 필요한 기능이며 궁극적으로 회사의 이익창출과 관련이 있다. 기타 부서도 마찬가지다. 결국 회사에 근무한다면 그들은 모두 기업의 이익창출을 위해 존재한다고 해도 잘못된 말은 아니다.

결국 경영자라면 자신이 경영하는 회사가 이익을 가장 많이 낼 수 있도록 조직을 정비할 필요가 있다. 그리고 경영자가 아닌 임직원들은 내가 어느 부서에 몸담고 있든지 간에 회사의 경영방침을 잘 이해하고 회사가 커질 수 있도록 스스로 노력하는 것이 경영을 이해하는 자세가 된다.

이렇게 생각하는 임직원들이 많을 때 그 기업은 성장한다. 물론 그 기업에 속해 있는 임직원들도 더불어 성장한다. 그렇지 않으면 회사나 개인 모두는 점점 허약체질로 변할 수밖에 없을 것이다.

Tip **직위에 따라 알아야 할 내용이 달라진다**

회계와 재무제표 그리고 경영 등의 업무는 각 기업에서는 필수적으로 나타난다. 하지만 기업의 모든 구성원들이 이들을 모두 알아야 할까?

물론 전 구성원이 이들 업무를 모두 잘 알면 금상첨화이다. 하지만 현실적으로 이것을 기대하는 것은 무리다. 그래서 각 직위별로 반드시 알아야 할 업무범위를 나눠 보는 것도 의미가 있을 것 같다.

결론적으로 보면 회계와 재무제표 지식은 모든 구성원이 알아야 하며, 재무제표 분석이나 경영분석은 고위층이 될수록 더 알아야 하는 업무다.

구분	회계	재무제표	재무제표 분석	경영분석
신입사원	O	O	△	–
중간관리자(팀장)	O	O	O	△
임원	O	O	O	O
CEO	O	O	O	O

자산을 키워야
우량기업이 된다

"왕초보, 이익을 많이 내면 재무제표가 좋아질 수밖에 없잖아. 하지만 현실적으로 이익을 달성하기가 쉽지 않아. 그렇다면 어떻게 해야 이익을 가장 많이 늘릴 수 있을까?"

"음, 여러 가지 방법이 있겠지만 먼저 대차대조표를 키우라는 말을 하고 싶습니다. 그래야 오래도록 많은 이익을 낼 수 있으니 말입니다."

"무슨 말이야?"

이절세 팀장은 왕초보가 얘기한 다소 생뚱맞게 느껴진 '대차대조표를 키운다'는 말의 뜻을 선뜻 알기가 힘들었다.

"대차대조표를 키운다고? 사람을 키운다는 얘기는 들어 보았는데, 대차대조표를 키운다는 말은 금시초문인데."

"팀장님, 팀장님도 잘 아시지 않습니까? 우량자산이 있어야 우량수익이 나온다는 거."

'아, 그렇군. 이 친구 벌써 나를 앞섰어. 재무제표를 어떻게 활용하는지 이렇게 빨리 감을 잡다니 놀랍군.'

기업의 이익은 기업이 동원 가능한 자원을 활용해 만들어진다고 해도 과언이 아니다. 물론 이러한 자원은 대차대조표 상의 자원인 유동자산이나 비유동자산이 해당한다. 또 현행 회계기준에 의하면, 인적자산은 재무제표에 반영할 수 없지만 사람의 능력도 이에 해당한다. 상식적으로 봐도 이들 자원이 이익의 원천이 된다는 것은 자명한 사실이다.

그렇다면 어떻게 하면 대차대조표를 키울 수 있는가!

대차대조표는 다음과 같은 로직(Logic)을 거쳐 커지게 된다.

사업연도 중에는 기초자산으로 경영활동을 수행한다. 그 결과 이익이 발생하면 자본에 추가된다. 그리고 이 자본은 자산으로 남아 있거나 부채를 상환하는 데 사용될 수도 있다. 따라서 기말에 부채가 기초와 같다면 자본은 자산이 증가한 만큼 증가가 되었을 것이다.

그렇다면 이익은 구체적으로 어떤 자산의 형태로 남아 있을까?

이는 사업연도 중의 회사 경영활동을 어떻게 했는가에 따라 달라진다. 예를 들어 늘어난 자본은 유동자산과 비유동자산의 한 항목에 들어가 있을 수도 있고 여러 항목에 걸쳐 분산될 수도 있다. 만일 비유동자산에 투자가 되지 않았다면 대부분 유동자산에 남아 있을 것이다. 물론 유동자산이라도 현금매출이 아닌 외상매출이 많았다면 자산은 매출채권으로 보유하고 있을 가능성이 높다.

유동자산 당좌자산(현금, 매출채권 등), 재고자산
비유동자산 투자자산, 유형자산, 무형자산

그런데 이렇게 보유한 자산이 경영에 도움이 되지 않거나 부실을 초래하면 그 결과는 어떨까?

다시 말해 앞에서 보유한 자산이 시장가치가 하락되거나 쓸모없는 것으로 변했다든지, 똑똑한 인재들이 회사를 떠나는 일들이 많아지면 그 결과는 어떨까?

이에 대한 답은 뻔할 것이다.

결국 각 기업은 보유한 자산이 우량자산이 되도록 관리할 필요가 있다. 물론 여기서 우량자산이란 풍부한 현금성 자산, 양질의 재고자산, 최신의 설비, 능력 있는 임직원들을 말한다. 좋은 시설과 좋은 인재들이 결합한 회사는 더 많은 이익을 창출할 가능성이 높기 때문이다.

이런 측면에서 볼 때 각 기업이 벌어들인 이익 중 일부를 시설이나 사람에 재투자하는 것은 모두 대차대조표의 자산을 키우기 위한 조치에 해당한다고 할 수 있다. 이렇게 하는 것이 기업을 내실 있게 만드는 방법이요, 기업을 탄탄하게 만드는 지름길이라는 것을 알고 있기 때문이다.

대차대조표의 자산항목별로 우량자산을 보유하는 방법을 정리하면 다음과 같다.

구분		우량자산을 보유하는 방법
유동자산	당좌자산	• 언제든지 동원 가능한 현금 및 예금을 보유한다.
	재고자산	• 적정재고를 유지하며 최적품질을 유지한다.
비유동자산	투자자산	• 최대한 수익성을 낼 수 있는 자산에 투자한다.
	유형자산	• 생산이나 작업효율을 최대한 올릴 수 있는 자산을 구입한다. • 진부화되지 않도록 자산관리를 한다.
	무형자산	• 라이선스, 특허권 등 지적 재산권을 확보한다. • 임직원의 능력을 최대한 발휘시킨다.

① 현금 및 예금, 유가증권류

보유한 현금이나 예금은 경영을 지원하는 역할을 한다. 이들 자산은 거래처에 지급해야 하는 돈이나 인건비 등을 지급하기 위해 보유하게 된다. 물론 예금에는 이자가 붙기 때문에 이 부분은 회사 이익에 기여할 것이다.

단기적으로 매매가 가능한 유가증권은 주로 시세차익을 얻기 위해 보유하게 된다. 싸게 사서 비싸게 팔면 그만큼 이익이 생긴다.

② 재고자산류

제조업의 제품과 도소매업의 상품 등은 현금화를 쉽게 할 수 있는 자산군이다. 자동차 제조를 하는 기업들은 생산라인에서 제조된 자동차가 제품이 되며, 컴퓨터나 휴대폰을 제조하는 기업은 컴퓨터나 휴대폰이 제품이 되는 것이다. 만일 제품을 사서 판매하는 기업이라면 자신들이 제조한 것이 아니므로 제품이 아닌 상품을 재고자산으로 보유하게 된다. 이런 재고자산은 제조업이나 도·소매업 또는 건설업 등에서는 매우 중요한 자산항목이 된다. 만약 공장은 지속적으로 가동되는데 재고자산이 팔리지 않는다는 상상을 해 보라. 그 기업은 자금난에 금방 도태되고 말지도 모른다.

③ 투자자산류

투자자산은 각 기업이 여유자금으로 자산에 투자한 것이다. 따라서 투자회수 시 발생한 이익이 회사에 기여하게 된다. 투자자산은 투자회수결정을 하면 현금화가 되는 항목이긴 하지만 투자회수를 즉각적으로 하기가 힘든 경우가 많다. 장기간 자금이 묶여 있는 성격의 자산들로 구성됐기 때문이다.

④ 유형자산류

유형자산은 외부 시장에 내다파는 자산이 아니라 부가가치 창출을 위해 사용되는 자산을 말한다. 제조업의 경우 기계장치, 공장건물, 차량 등이 이에 해당한다. 건설업의 경우 건설장비 등이 이에 해당한다.

⑤ 무형자산류

무형자산은 눈에 보이지 않는 자산이지만 부가가치 창출에 매우 중요한 자산이다. 아무리 좋은 건물과 시설을 갖추었더라도 이를 운영할 조직, 사람, 경영지원체제 등이 제대로 갖추어지지 않았다면 성과를 올릴 수 없다. 따라서 무형자산은 기업의 승패를 좌우하는 아주 중요한 자산이라 할 수 있다.

재무위험의 징후

　'이제 회계도 어느 정도 이해가 되고 재무제표 분석도 배웠으니 앞으로 일하는데 정말 많은 도움이 될 것 같군. 물론 재무제표와 경영의 관계 부분은 좀 더 공부할 필요가 있겠지만…….'

　왕초보는 그동안 자신이 걸어온 길을 돌아보면서 이런저런 생각을 하고 있었다.

　'그런데 재무제표 분석은 일이 다 끝난 뒤에 하는 것이잖아? 그러면 기업이 쓰러지고 난 후 분석을 하면 아무런 소용이 없는데. 아, 이를 어떻게 해결한담?'

　왕초보는 이 부분에 대한 답을 구하기 위해 한참 동안 생각했다. 하지만 좋은 생각이 떠오르지 않았다. 그래서 할 수 없이 이절세 팀장을 찾았다.

　"팀장님, 사전에 재무위험을 감지할 수는 없나요? 재무제표 분석은 다 지은 농사를 가지고 잘 지었네 못 지었네를 판단하는 거잖아요? 그런데 그보다 더 중요한 것은 농사를 망치지 않도록 하는 것이 아닌가요? 만일 그럴 징후가 보이면 처방을 해야 하고요."

"맞아. 제대로 봤어. 그게 정말 중요하지. 그래서 많은 기업들이 기업진단 등을 통해 재무위험을 점검하지."

"팀장님, 우리도 재무위험을 알 수 있지 않을까요? 지금까지 우리도 매우 많은 것을 배워왔는데 말입니다. 간단히 할 수 있는 그런 것 없을까요?"

기업의 재무위험은 대체적으로 재무건전성이 좋지 않는 상황을 말한다. 예를 들면 유동자산이 작아 부채를 상환할 능력이 되지 않거나 설비투자가 과도해 활동성이 떨어져 기업경영에 부담이 생기는 경우도 재무위험이 있다고 할 수 있다. 또 경쟁사의 등장이나 경기침체 등으로 수익성이 악화되는 경우도 재무위험이 발생한 상황이라 할 수 있다.

이러한 재무위험은 결과적으로 기업의 경영활동을 위축시키므로 경영에 나쁜 영향을 끼친다.

그렇다면 재무위험은 구체적으로 어떻게 파악할 수 있을까?

재무위험이 시작되는 징후는 여러 군데서 포착할 수 있다. 다만 그 중 가장 먼저 시작되는 곳은 수익성 부분이다. 수익성이 악화되면 곧바로 재무위험이 시작됐다고 할 수 있다. 물론 계절적인 변동으로 수익성이 악화되는 경우 등은 예외일 것이다.

다음과 같이 수익성이 악화되는 경우 기업에 어떤 영향을 미치는지 알아보자.

(단위 : 만 원)

구분	1월	2월	3월	계(분기)		
				당기	전기	차이
매출액	5,000	4,000	3,000	12,000	15,000	-3,000

매출액이 이렇게 지속적으로 하락하는 경우에는 지불능력이 크게 위축된다. 물론 지불능력 위험은 당해 기업이 지출하는 비용 성격에 따라 그 내용이 달라진다. 예를 들어 기업의 비용구조가 고정비의 비율이 높으면 매출액이 감소하고 그렇게 되면 더 큰 위험이 초래된다. 고정비는 매출액과 상관없이 무조건 지급돼야 하기 때문이다. 하지만 변동비가 더 크면 지불능력 위험은 고정비가 큰 기업에 비해 더 낮아지게 된다.

하여튼 매출감소는 지불능력을 악화시켜 기업의 안정성을 크게 떨어뜨리기 때문에 경영자나 실무자들은 매출관리에 세밀한 신경을 쓸 필요가 있다. 그 밖에 매출감소는 재고의 가중, 생산에 대한 영향 등 전 부문에 직간접적으로 영향을 주고, 임직원들의 사기 등에도 영향을 미치는 등 보이지 않는 비용을 유발한다.

그 밖에도 과도한 설비투자도 문제가 된다.

일반적으로 설비투자 결정은 수요예측에 근거해 이루어진다. 이때 수요예측이 제대로 된 경우라면 별 문제 없지만, 수요예측이 제대로 되지 않은 경우에는 치명적인 재무위험을 가져다준다. 물론 수요예측이 잘못된 경우라도 투자에 사용된 돈이 그동안 이익을 창출해 내부에 유보된 돈이라면 리스크가 크지 않겠지만, 차입금을 조달해 투자한 경우라면 투자의 성패는 향후의 기업경영에 결정적인 영향을 미치게 된다.

현실적으로 각 기업은 아무런 예고 없이 재무 위험 상태에 직면할 수 있다. 따라서 각 기업의 경영자나 실무자들은 재무위험을 사전에 인지할 수 있는 시스템을 마련해 두고 이를 활용하는 것이 필요하다.

예를 들어 매출, 자금 동향, 부채의 적정성 등에 대해 위험성을 따져 볼 수 있는 기준을 두고 실행 결과를 비교하면 위험수준을 알 수 있을 뿐더러 그에 맞는 대처방안도 쉽게 마련할 수 있다.

실무적으로 재무위험을 알기 위해서는 앞에서 본 재무제표 분석을 사업연도 중에 실시할 필요가 있다. 물론 사업연도 중 분석을 통해 문제가 있으면 당장 개선하는 것이 필요하다. 개선을 하루하루 미루다 보면 치유할 수 없는 상태에 이르는 경우가 많기 때문이다.

매출이 감소할 때
대처하는 법

"매출이 줄면 수익성도 안 좋아지고 자금흐름에도 악영향을 주기 때문에 잘 관리할 필요가 있을 것 같습니다."

"그렇지. 우리 개인도 마찬가지로 소득이 감소하면 어려움에 봉착하는 것과 같은 이치겠지."

왕초보와 이절세 팀장은 재무위험의 가장 적신호라 할 수 있는 매출이 감소하는 상황에서 대책은 무엇인지 등에 대해 토론하고 있었다.

"팀장님, 개인의 몸값이 연봉이듯이 기업의 몸값은 바로 매출이 아닙니까? 그래서 기업의 매출이 점점 줄어든다면 이는 기업의 몸값이 떨어졌다는 것을 의미하겠죠."

이절세 팀장은 왕초보의 비유가 아주 적절하다고 생각했다.

"그래, 매출이 떨어졌으니 기업의 몸값도 떨어졌다고 할 수 있겠지. 하지만 기업의 매출은 여러 가지 요인에 의해 변동되므로 철저히 분석한 후 대책을 꾸리는 것이 중요할 거야."

기업에게 매출감소는 좋지 않은 신호다. 매출이 감소하면 자금이 막힐 뿐만 아니라 수익성도 떨어지고 대외신용도도 추락할 수 있다. 하지만 매출감소가 일시적인 사유로 인해 발생할 수도 있고 경기 전반에 걸쳐 일어날 수도 있기 때문에 정확하게 원인을 분석하는 것이 중요하다.

예를 들어 매출분석은 다음과 같이 제품별, 지점별, 지역별 등 다양하게 행할 수 있다.

〈제품별 매출분석〉

제품명	계획			실적			차이		
	단가	수량	금액	단가	수량	금액	단가	수량	금액
A									
B									
C									
계									

〈지점별 매출분석〉

지점명	계획			실적			차이		
	단가	수량	금액	단가	수량	금액	단가	수량	금액
A									
B									
C									
계									

매출이 감소하는 이유는 외부 요인과 내부 요인으로 나눌 수 있다.

〈외부 요인〉

전반적인 경기침체, 수요자의 소득감소, 경쟁자의 등장, 구매패턴의 변화 등이 주요 요인이다.

〈내부 요인〉

제품의 결함, 서비스의 부족, 가격정책의 실패 등 전반적인 마케팅 정책이나 기업의 이미지 실추 등의 기업책임 등이 주요 요인이다.

매출감소의 원인을 파악한 후에는 그 대책을 세워야 한다. 예를 들어 시장에 강력한 경쟁자가 나타났을 때는 경쟁자의 강점과 약점을 분석하고 자사의 강점과 약점을 비교해 구체적인 대응전략을 만들어야 한다.

한편 내부 요인에 의해 매출이 감소했다면 그 요인이 자사의 제품과 서비스에서 발생했는지, 지역·지점별로 똑같이 발생했는지, 특정한 곳에서 발생했는지를 분석해 그 수준별로 대응책을 마련할 필요가 있다.

예를 들어 제품별로 실적을 평가했을 때 기업에 공헌하지 못하는 제품이 있을 수 있다. 따라서 이러한 제품에 대해서는 생산 포기 등의 대안을 포함해 대책안을 찾을 필요가 있다.

지역이나 지점별 평가도 마찬가지다. 지점별로 우수한 곳과 열등한 곳을 가려낼 필요가 있다. 물론 우수한 곳은 인센티브를, 열등한 곳은 분발할 수 있는 시스템을 갖추는 것이 필요하다.

이렇게 매출은 외부 요인과 내부 요인에 따라 언제든지 변동할 가능성이 높다. 그래서 누가 더 현명하게 매출을 관리할 수 있는 시스템을 가지고 있느냐에 따라 그 결과는 사뭇 달라질 것으로 보인다.

자금이 부족할 때
대처하는 방법

"자금은 우리 몸의 피와 같습니다. 피가 잘 돌지 않으면 건강이 나빠지는 것처럼 자금이 돌지 않으면 기업도 안 좋아집니다."

고단수 세무사가 이절세 팀장이 있는 회사의 직원들을 대상으로 강의하고 있었다.

이절세 팀장은 세무와 회계의 최고권위자 고단수 세무사를 초빙했다. 고 세무사는 세무와 회계에 아주 박식하기로 업계에 정평이 나 있었다.

"고 세무사님, 지금까지 공부를 많이 해 왔는데요. 특히 기업의 자금 관리는 매우 중요한 것 같습니다. 그렇다면 매출이 일어나는데도 자금이 항상 부족한 기업은 왜 그런지 그것을 타파할 수 있는 길은 없는지 말씀 좀 해 주십시오."

"역시 이 팀장님은 보는 눈이 넓습니다. 단적으로 말씀드리면 기업이 비만해서 그렇습니다. 즉 군살이 많기 때문입니다."

그 얘기를 듣고 있던 왕초보가 이절세 팀장에게 농담 삼아 나지막한 소리로 말했다.

"팀장님, 기업이 뚱뚱해서 그렇답니다. 하하."

일반적으로 기업이 자금문제로 전전긍긍하는 것은 매출이 부진하기 때문이다. 매출은 부진해도 고정비는 지속적으로 나가기 때문에 그렇다. 그런데 매출이 어느 정도 발생함에도 불구하고 자금이 막히는 이유는 무엇일까?

그것은 대부분 자산이 비효율적으로 운영되기 때문이다. 다음의 대차대조표를 보자.

자산	
Ⅰ. 유동자산 　당좌자산 　ㅣ 외상매출금 　재고자산 　ㅣ 제품·상품 Ⅱ. 비유동자산 　투자자산 　ㅣ 투자유가증권 　ㅣ 투자부동산 　유형자산 　ㅣ 기계장치 　무형자산 　ㅣ 연구개발비	**부채**
	자본

기업은 일상적으로 상품 등을 구입하고 세금이나 공과금 그리고 각종 경비지급 등에 현금을 사용한다. 그런데 자산항목에 있는 자산들

이 활동성이 떨어지면 돈의 유입이 더디게 되므로 부채에 의존할 가능성이 커진다. 자산 활동성이 떨어진다는 것은 자금이 자산에 묶여 있다는 것을 뜻하기 때문이다. 그렇게 되면 기업의 재무위험이 높아지고 회사가 성장하는 데 문제가 발생한다.

기업은 경영활동을 통해 더 좋은 자원을 보유하고자 하지만 그 자산의 내용이 형편없다면 이는 기업에게 심각한 재무위험을 가져다준다. 따라서 자금 부족현상이 발생하면 빨리 자산항목을 점검해야 한다.

제일 먼저 점검할 것은 유동자산이다.

특히 유동자산 중 외상매출금과 재고자산을 중심으로 점검해야 한다. 외상매출금은 대손이 예상된 채권의 회수방안에 대해 해결방법을 찾아야 하고, 판매 시 대금회수 부분에 대해서도 지침을 만들어 시행해야 한다. 예를 들어 판매부서에서 실적을 높이기 위해 외상거래를 남발하는 것이 아닌지도 점검해 사전에 문제를 예방하고 필요 시 지침을 만들어 시행할 필요가 있다.

유동자산 중 재고자산도 문제가 된다. 경기의 악영향으로 판매가 되지 않는 경우 생산을 중단하지 않는다면 넘쳐나는 재고로 몸살을 앓게 될 것이다. 이미 생산에 투입된 원가(노무비, 재료비 등)는 이미 발생돼 돈을 지급해야 할 처지에 있지만, 팔리지 않는 재고자산으로 줄 수는 없기 때문이다. 재고자산이 적체가 되면 어떤 기업이라도 이런 문제에 봉착할 수 있다. 따라서 재고비중이 큰 기업들은 재고관리에 관심을 기울여야 한다.

다음으로 비유동자산을 점검해야 한다.

비유동자산에는 크게 투자, 유형자산, 무형자산이 있다.

이러한 자산은 투입된 자금이 단기간에 회수될 수 없다는 특징이 있다. 예를 들어 투자유가증권 등 투자자산이나 공장이나 사옥 등 유형자산은 외부로 바로 판매할 수 있는 것들이 아니다. 그런데 문제는 이러한 자산이 잘못 구입됐다든지 불량자산이 됐다면 이는 자금운용에 큰 문제를 가져다준다는 것이다.

따라서 각 기업은 자금이 막히는 경우 이러한 자산들 중 문제가 있는 것들을 미리 정리할 필요가 있다. 어떤 기업은 소중한 사옥을 처분하고 이를 다른 자산에 투자하거나 부채를 정리했다.

Tip 부채가 많아지는 이유

매출이 감소하면 부채가 증가하게 된다. 또한 투자에 실패하거나 자산관리에 실패하면 자산의 불용화와 과잉재고, 과잉인원 등이 발생해 부채가 늘어난다. 그 밖에도 매출채권 회수가 늦는 경우에도 부채가 증가한다.

부채가 많은 기업은 부채를 줄이기 위해 노력해야 한다. 그렇지 않으면 영업이익의 대부분을 이자를 갚는 데 써야 한다. 그렇게 되면 당기순이익이 적자가 되고 그로 인해 여러 가지 문제가 발생할 수 있다.

투자를 통해
현금을 확보하는 방법

"팀장님, 군살이 문제가 되지만 한편으론 너무 마른 기업도 문제가 될 것 같다는 생각이 듭니다. 하하하."

왕초보가 사내교육 중 쉬는 시간에 이절세 팀장과 담소를 나누고 있었다.

"그래, 사람도 너무 마르거나 뚱뚱한 것이 좋지 않는 것처럼 기업도 마찬가지겠지. 그래서 이런 기업은 모두 자금회전이 잘되도록 해야 할 거야."

"하지만 마른 기업은 돈이 나올 데가 없으니 문제 아닙니까?"

"그렇겠지. 뭐 어쩔 수 없는 것이 아닐까? 잘한 기업은 경쟁력이 있을 것이고 잘못한 기업은 깡통을 찰 수밖에 없는 것이 냉엄한 현실이니. 자고로 기업이 성장한다는 느낌을 받으려면 자본을 잘 관리해야해."

"팀장님, 자본을 잘 관리해야 한다는 의미는 결국 자산과 부채를 잘 관리해야 한다는 의미와 같은 거죠?"

"그렇지. 하지만 경영자는 자본항목을 좀 더 잘 이해할 필요가 있어. 자본항목은 돈을 조달하는 통로이자 기업가치를 결정하기 때문에라도 말이야."

이절세 팀장은 경영자가 자본항목에 대해 좀 더 신경 써야 한다고 한다. 왜 그럴까?

기업의 자본항목은 크게 자본금, 자본잉여금, 이익잉여금 등으로 구분된다. 이러한 항목 중 자본금과 자본금 항목의 성격을 좀 더 구체적으로 알아보자.

먼저, 자본금은 주주들이 불입한 주식의 액면가액을 말한다. 예를 들어 1주당 액면가액이 1,000원이고 주금납입액이 1,000만 원이라면 주식 수는 1만 주가 된다. 요즘은 최저자본금 제도 등이 폐지되어 쉽게 법인을 설립할 수 있게 되었다. 이러한 과정을 거쳐 조달된 자본금은 앞으로 기업경영에 운영자금 등의 명목으로 사용될 것이다. 그런데 설비투자 등에 자금이 1억 원이 소요될 예정이라면 이에 대한 자금조달은 어떻게 해야 할까? 이런 상황이라면 앞의 자본금으로 충당하기 어렵기 때문에 추가출자 또는 부채조달이 필요할 수밖에 없다.

참고로 이런 상황에서 증자를 하게 되면 경영권에 변화가 올 수 있다. 또 기업가치도 변할 수 있다. 따라서 경영자는 자본금 항목의 성격을 이해하고 경영권이나 기업가치에 어떤 영향이 있는지 사전에 파악할 수 있어야 한다.

〈증자(자본금을 늘리는 것)〉

- 유상증자 : 주주에게 주식을 교부하고 그 대가로 금전 등을 받는 것을 말한다.
- 무상증자 : 주주에게 주식을 교부하나 금전 등을 받지 않는 대신 자본잉여금
  이나 이익잉여금을 자본금으로 대체하는 것을 말한다.

〈감자(자본금을 줄이는 것)〉

- 유상감자 : 회사 규모를 줄이기 위해 주주에게 금전 등으로 자본금을 반환하
  는 것을 말한다.
- 무상감자 : 회사가 결손금이 있는 경우 그 결손금을 자본금으로 충당하는 것
  을 말한다.

다음으로 자본잉여금에 대해 알아보자.

우량자산을 많이 보유한 기업은 지속적으로 많은 이익을 창출해 낸다. 이런 우량기업의 주식을 보유하고 있으면 높은 배당을 받을 수도 있고 양도할 때 높은 값을 받을 수도 있다. 자본잉여금은 기업가치가 높은 기업이 투자자금을 끌어들이기 위해 주식을 발행했을 때 액면가액을 넘어선 금액을 말한다.

예를 들어 액면가액이 5,000원인 주식을 2만 원에 1만 주 발행했다고 하자. 그러면 다음과 같이 대차대조표가 만들어진다.

자산	부채
현금 200,000,000	부채자본
	자본금 50,000,000
	자본잉여금 150,000,000

자본활동으로 인해 이 기업은 현금 2억 원이 확보됐다. 그 결과 다양한 사업을 할 수 있게 된다. 그런데 앞의 금액에 포함된 자본잉여금은 어떤 성격의 돈일까? 이 돈으로 주주들이 나눠 가질 수 있을까? 아니면 어디에다 사용을 해야 할까?

　상식적으로 보건대 자본활동으로 들어온 자본잉여금을 다른 주주들에게 나눠준다는 것은 있을 수 없다. 그래서 현행 상법에서는 이 자본잉여금의 용도를 자본금의 전입, 이월결손금의 보전에만 사용토록 하고 있다.

　한편, 주식을 높은 금액에 발행하면 투자자금이 많이 들어오기 때문에 그만큼 자금흐름이 양호하게 된다. 물론 이 자금에 대해서는 이자를 지급할 필요가 없다.

　결국 주식을 높은 가격으로 발행할 수 있는 기업은 기업가치가 뛰어난 기업이다. 그래서 기업가치가 형편없는 기업에 투자할 사람은 기업설립자만 있는 것이다.

〈휴지조각 주식을 들고 있는 이유〉

2000년대 초반에 우리나라 전역에 벤처열풍이 불었다. 그 분위기에 편승해 많은 투자자들이 벤처기업에 투자했다. 하지만 얼마 가지 않아 벤처거품이 빠지자 여기저기서 탄식하는 소리가 흘러나왔다. 그들이 보유한 주식이 휴지조각으로 변한 경우들이 많았기 때문이다. 이렇게 된 이면에는 그 흔하게 들어온 재무제표 분석도 없었고, 묻지 마 투자로 한몫을 잡으려는 심리가 강했기 때문이다.

우리 기업의 미래를
읽는 방법

왕초보는 지금까지 누구보다도 열심히 공부했다. 그 결과 회계와 재무제표, 원가 등에 대한 실력을 크게 쌓을 수 있었다. 그런 그가 이런 질문도 한다.

"팀장님, 지금까지 배운 회계지식으로 미래도 볼 수 있겠지요?"

"그렇지. 지나온 것들을 서로 비교하면 올해 장사를 잘했는지 알 수도 있고, 내년이나 10년 후 등의 미래도 그려 볼 수 있지."

이절세 팀장은 점점 보는 눈이 넓어지는 왕초보가 대견스럽기까지 했다.

재무제표를 통해 최근 몇 년간의 추세를 분석할 수 있고 앞으로의 추세도 분석할 수 있다.

다만, 과거의 추세분석은 이미 자료가 주어졌으므로 이를 분석하는 것은 그렇게 어렵지 않으나, 미래의 추세분석은 그렇지 않다.

먼저, 과거의 추세분석은 어떻게 하는지 알아보자.

재무제표 분석은 1개 연도를 중심으로 분석하더라도 유용한 정보를 얻을 수가 있다. 하지만 최근 몇 년간을 동시에 분석하면 1개 연도만을 분석했을 때는 얻지 못하는 정보까지 얻을 수 있다. 물론 경영관리 목적 상으로는 월별이나 분기별로 분석을 실시할 수도 있을 것이다. 이하에서는 손익계산서만을 가지고 최근 3개 연도를 비교분석해 보자.

(단위 : 백만 원, %)

구분	20×4		20×5		20×6	
	금액	구성비	금액	구성비	금액	구성비
매출액	1,000	100.0	2,000	100.0	3,000	100.0
매출원가	700	70.0	1,300	65.0	2,100	70.0
매출총이익	300	30.0	700	35.0	900	30.0
판매관리비	200	20.0	400	20.0	500	16.7
영업이익	100	10.0	300	15.0	400	13.3
영업외수익	0	0.0	0	0.0	0	0.0
영업외비용	50	0.5	100	5.0	100	3.3
계속사업이익	50	0.5	200	10.0	300	10.0
법인세 등	5	0.5	40	2.0	60	2.0
당기순이익	45	0.45	160	8.0	240	8.0

첫째, 매출액 신장률을 보자.

최근 3년간을 보면 매출액은 꾸준히 상승하고 있음을 알 수 있다. 다만, 20×6년의 경우 상승률이 다소 둔화되고 있음에 주의할 필요가 있다. 물론 금액은 증가했으나 계획상의 목표와는 차이가 날 수 있으므로 이 부분을 점검할 필요가 있다.

둘째, 매출총이익의 변화율에 주의해 보자. 매출총이익은 매출액에서 매출원가를 차감한 금액을 말한다.

(단위 : 백만 원, %)

구분	20×4	20×5	20×6
매출액	1,000	2,000	3,000
매출원가	700	1,300	2,100
매출총이익	300	700	900
매출총이익률 (매출총이익÷매출액)	30%	35%	30%

이 사례에서 매출총이익률은 30~35%를 유지하고 있다.

그렇다면 이 표에서 우리는 어떤 것을 발견해 내야 하는가?

우선 20×5년에 매출원가가 줄어들어 매출총이익률이 종전 30%에서 35%로 증가했으나, 20×6년에는 매출원가가 늘어났다. 따라서 이렇게 매출원가가 늘어난 원인을 분석해 이에 대한 대책을 꾸릴 필요가 있다.

셋째, 판매관리비를 따져 보자.

판매관리비가 지속적으로 증가해 왔으나 20×6년의 경우 증가율이 떨어졌다. 따라서 이렇게 떨어진 이유를 알기 위해서는 판매관리비의 각 항목에 대해 추가 분석을 실시하면 될 것이다.

다음으로 20×7년의 예상치를 구해 보자.

앞으로의 실적을 예상한다는 것은 매우 불확실한 작업임이 틀림없다. 하지만 과거의 추세와 현재의 상황을 고려한다면 미래의 모습을 예측하는 것은 어느 정도 가능하다. 예를 들어 과거의 실적치를 고려해 증감률을 책정하면 대략적으로 향후 1년간의 손익을 예측해 볼 수 있다. 물론 추정기간을 3년이나 5년 등으로 늘려 잡을 수도 있다. 이런 원리는 사업계획이나 기획안 등을 검토할 때 응용되고 있다.

(단위 : 백만 원, %)

구분	20×4 실적	20×5 실적	20×6 실적	20×7 예상	
	금액			전년대비* 예상증감률	금액
매출액	1,000	2,000	3,000	70.0	5,100
매출원가	700	1,300	2,100	50.0	3,150
매출총이익	300	700	900	(116.6)	1,950
판매관리비	200	400	500	30.0	650
영업이익	100	300	400	(225.5)	1,300
영업외수익	0	0	0	0	0
영업외비용	50	100	100	100.0	200
법인세차감전이익	50	200	300	(266.6)	1,100
법인세등	5	40	60	(333.3)	260
당기순이익	45	160	240	(250.0)	840

* 전년대비 예상증감률은 저자가 편의상 대략적으로 정하였다.

재무제표 지식을 활용해
흑자회사를 만드는 방법

"초보 씨, 그동안 공부하느라 수고가 많았어. 어디 초보 씨 소감 한 말씀 들어볼까?"

"팀장님 덕분에 일취월장 한 것 같습니다. 단순히 숫자로 보였던 재무제표에도 많은 원리가 숨어 있다는 것을 생생하게 알 수 있었지요. 물론 아직도 헷갈린 것들이 많지만요."

"그래, 첫술에 배부를 수 없으니까 반복학습을 하면 더 좋아지겠지?"

"네."

"초보 씨 덕분에 나도 많이 배웠어. 고마웠네."

지금까지 이절세와 왕초보는 회계와 재무제표 그리고 원가 등에 관련된 공부를 쉬지 않고 해 왔다. 이제 마지막으로 재무제표를 가지고 경영자의 관점에서 기업 구조조정을 하는 사례를 살펴보자.

이인수 씨는 최근에 (주)OO잡지를 인수했다. 인수자금으로 2억 원을 지출했다. 그가 인수할 당시에는 조직의 안정성이 중요할 것 같아 인수 당시의 조직 시스템을 사용하기로 했다.

월 매출액은 대략 1억 원선이었으나 인건비나 외주제작비 등으로 나간 돈도 거의 1억 원에 육박해 이익이 나지 않는 구조가 됐다. 6개월이 지난 후 이인수 씨는 이익이 나지 않는 이유를 재무제표를 통해 분석했다. 그가 받아 본 재무제표는 다음과 같았다.

〈대차대조표〉

(단위 : 원)

자산	유동 자산	당좌 자산	유동자산 계	237,000,000	부채	유동 부채	유동부채 계	132,000,000
			당좌 자산계	237,000,000			외상매입금	102,000,000
			현금	50,000,000			미지급금	10,000,000
			매출채권	187,000,000			단기차입금	20,000,000
		재고자산				비유동 부채	비유동부채 계	
	비유동 자산	비유동자산 계		80,000,000			장기차입금	
		투자자산		50,000,000	부채 계			132,000,000
		유형자산		30,000,000	자본		자본금	200,000,000
		무형자산		0			결손금	15,000,000
		기타비유동자산		0	자본 계			185,000,000
자산 계				317,000,000	부채와 자본 계			317,000,000

〈손익계산서〉

(단위 : 원)

매출액			600,000,000
판매관리비	판매관리비 계		596,500,000
	인건비(13명×평균 25,000,000원× 1/2(6개월))	162,500,000	
	외주제작비	270,000,000	
	통신비	15,000,000	
	지급수수료	15,000,000	
	임차료(월 400만 원×6개월)	24,000,000	
	복리후생비	15,000,000	
	접대비	15,000,000	
	여비교통비	10,000,000	
	차량유지비	10,000,000	
	소모품비	20,000,000	
	운반비	20,000,000	
	기타	20,000,000	
영업이익			3,500,000
영업외수익			-
영업외비용			10,000,000
법인세차감전이익			- 6,500,000

이 사장은 우선 손익계산서 상의 판매관리비 부분부터 조정하기 시작했다. 이 회사는 인건비와 외주제작비의 비중이 다른 비용에 비해 매우 컸다. 그래서 이 사장은 이를 중심으로 다음(오른쪽 첫 번째 표)과 같은 조정안을 마련하였다.

첫째, 인건비를 과감히 조정하였다(오른쪽 두 번째 표).

인건비 조정을 위해서는 인원 조정이 불가피하다. 그런데 인원 조정은 직원의 사기와 관련이 있어 신중하게 처리해야 한다.

일단 현재 잡지를 만드는 데 꼭 필요한 인력과 그렇지 않은 인력을 분류했다.

판매관리비 내용	금액	조정방법
인건비(13명×평균 25,000,000원×1/2(6개월))	162,500,000	직무분석을 통해 직무 재배치, 관리부문 아웃소싱
외주제작비	270,000,000	거래선 변경(외주비 인하)
통신비	15,000,000	사용지침 작성해 시행
지급수수료	15,000,000	
임차료(월 400만 원×6개월)	24,000,000	임대기간 만료 후 사무실 이전
복리후생비	15,000,000	
접대비	15,000,000	
여비교통비	10,000,000	여비교통비 지급기준 마련
차량유지비	10,000,000	
소모품비	20,000,000	고정거래처 확보(단가계약)
운반비	20,000,000	거래선 변경(단가계약)
기타	20,000,000	

직무명	현재의 인원	재조정 후 인원	비고
기자	5명	4명	- 유휴인원은 영업직으로 대체
사진	1명	1명	-
영업	3명	3명	-
구독자관리	1명	1명	-
회계관리	1명	–	- 아웃소싱
일반관리	2명(관리이사 1 포함)	1명	- 관리이사가 일반관리를 전담
계	13명	10명	

둘째, 외주제작을 하는 거래처에 대해 제작비 인하를 요구했다. 물론 품질은 종전 수준과 동일하게 유지되도록 조치를 취했다.

셋째, 임차료는 임차기간이 만료되는 대로 저렴한 곳으로 이사를 가기로 했다. 그 밖에 모든 판매관리비 항목을 하나하나씩 따져 지출기준을 세워 집행하기로 했다.

이렇게 노력한 결과 판매관리비 부분에서 다음과 같은 효과가 나타나 수익성이 일부 개선될 것으로 예상됐다.

(단위 : 원)

매출액			600,000,000
판매관리비	판매관리비 계		487,500,000
	인건비(10명×평균 25,000,000원×1/2(6개월))	125,000,000	(종전 162,500,000)
	외주제작비	230,000,000	(종전 270,000,000)
	통신비	15,000,000	
	지급수수료(아웃소싱비 포함)	20,000,000	(종전 15,000,000)
	임차료(월 200만 원×6개월)	12,000,000	(종전 24,000,000)
	복리후생비	15,000,000	
	접대비	15,000,000	
	여비교통비	10,000,000	
	차량유지비	10,000,000	
	소모품비	15,000,000	(종전 20,000,000)
	운반비	15,000,000	
	기타	10,000,000	(종전 20,000,000)
영업이익			113,000,000
영업외수익			-
영업외비용			10,000,000
법인세차감전이익 (당초)			103,000,000 (-6,500,000)

이 사장은 우선 내부 시스템이 정착되지 않았다고 보고 손익계산서 상에 나타난 비용항목들을 정리했다. 그 결과 매출이 전과 동일하다고 예상했을 때 비용절감 효과가 1억 원 이상 나타났다.

재무건전성 평가로
우량기업을 찾아내다

"팀장님, 재무건전성이란 뜻을 알고 계시죠?"

"갑자기 그건 왜 묻지? 우리 공부 다 마쳤잖아?"

"아침에 신문을 보는데 그 단어가 눈에 확 띄어서 말입니다. 요즈음은 재무라는 단어만 보더라도 관심이 쏠리지 뭡니까? 재무라는 것이 돈과 연관돼서 그렇지 않나 싶습니다. 하하."

"우리 왕초보 군이 이제야 험난한 세상 속으로 들어왔네. 앞으로 재무가 건전하도록 노력을 많이 하게나."

"잘 알겠습니다. 개인도 기업처럼 재무가 건전해야 어려운 세상에서 살아갈 수 있으니까요."

경영자는 재무건전성이라는 단어에 늘 신경 쓰게 마련이다. 기업을 평가할 때 재무건전성이 있는지 없는지가 중요한 잣대로 사용되기 때문이다. 그렇다면 구체적으로 재무건전성은 무엇을 의미하고 어떻게 따질까?

재무건전성은 주로 앞에서 분석한 안정성 측면을 말한다. 예를 들어 은행의 경우 재무건전성의 판정기준으로 국제결제은행(BIS) 기준 자기자본비율 8% 이상을 제시하고 있다.

이 자기자본비율은 앞에서 본 것처럼 총자본에서 자기자본이 차지하는 비율을 말한다.

자기자본비율은 비단 은행뿐만 아니라 기타 업종에서도 중요하게 취급된다. 그 이유는, 자기자본은 주주들이 투자한 돈으로서 타인자본(부채)처럼 상환되는 돈이 아니므로 재무구조를 안정시켜 주기 때문이다. 더불어 이자지급의무도 없으니 기업 입장으로선 원리금 상환 압박을 받지 않게 된다.

따라서 자기자본비율이 높으면 재무구조가 견실하다고 평가를 받는 것이다. 이런 기업은 부채비율이 낮다.

그런데 자기자본비율이 낮다면 어떤 문제점이 생길까?

현실적으로 이 비율이 낮은 기업은 타인자본에 의존할 수밖에 없다. 그렇게 되면 영업이익으로 이자를 갚아야 하는 약점을 보이게 된다. 과거 우리나라의 많은 기업은 영업이익은 흑자였으나 과도한 부채에 대한 이자지급으로 당기순이익이 적자를 보인 적이 많았다. 그 이후 각 기업은 뼈를 깎는 구조조정으로 부채비율을 줄이는 작업을 지속적으로 추진한 결과 지금은 많은 기업이 재무구조가 건전해졌다.

그래서 실무적으로 자기자본비율이 낮다면 자기자본비율을 올리는 것이 급선무다. 그렇다면 어떻게 해야 자기자본비율을 올릴 수 있을까?

대차대조표 구조를 약식으로 다시 한 번 보자.

자산	부채(타인자본)
	자본(자기자본) 자본금 자본잉여금 이익잉여금
자산 계	총자본 계

자기자본을 늘리는 방법에는 증자를 통해 자본금을 늘리거나 이익을 많이 내 이익잉여금을 늘리는 방법이 있다. 또 부채를 축소하면 자기자본이 늘어나는 효과가 있다.

이 중 가장 좋은 방법은 이익을 많이 내는 것이다. 이익이 늘어나면 자기자본비율이 개선되고 더 나아가 우량기업으로 평가받을 수 있기 때문이다. 통상 자기자본비율이 50% 이상이면 양호한 자본구조이다. 최소한 20% 이상은 유지돼야 기업을 유지할 수 있다.

자기자본비율 < 20% ⇒ 위험

20% ≤ 자기자본비율 < 50% ⇒ 보통

50% ≤ 자기자본비율 ⇒ 건전

한편 재무건전성은 지불능력 측면에서도 따져 볼 수 있다. 지불능력은 주로 유동비율과 당좌비율을 이용한다. 유동비율은 유동자산을 유동부채로 나눈 것으로서 대개 단기채무 상환능력을 따져 볼 때 유용하다. 유동부채는 외상대나 단기차입금 등 곧바로 갚아야 하는 채무이다. 그런데 유동자산은 당좌자산이나 재고자산 등으로 구성되며 이 자산은 때로는 현금화가 되기 힘들다. 예를 들면 창고에 가득 쌓여 있는 재고자산이 그렇다. 따라서 이 비율이 높다고 해서 반드시 단기채무 상환능력이 높다고 할 수 없다. 그래서 실무적으로는 당좌자산(현금, 예금, 매출채권 등)이 유동부채에서 차지하는 비율을 따져 보아 단기채무 상환능력 유무를 따지게 된다. 실무적으로 유동비율(= 유동자산/유동부채×100)은 최소한 120% 이상은 유지해야 하며, 200% 이상이 되는 경우 양호하다고 할 수 있다. 그리고 당좌비율(= 당좌자산/유동부채×100)은 최소한 95% 이상을 유지하되 100% 이상이 되면 양호하다고 판단한다.

유동비율 < 120% ⇒ 위험

120% ≤ 유동비율 < 200% ⇒ 보통

200% ≤ 유동비율 ⇒ 건전

마지막으로 자산운용의 안정성을 생각해 볼 수 있다. 이에는 대표적으로 비유동비율(비유동자산/자기자본×100)이 있는데, 이의 비율은 100% 이하가 되면 건전하다고 판단한다.

금융기관 등 채권자들의 관심사는 기업에 빌려 준 자금에 대한 원금과 이자를 제대로 받을 수 있는가 하는 것이다. 따라서 이들은 기업의 재무제표를 통해 자금상환능력이 있는지를 중점적으로 검토하게 될 것이다. 예를 들어 어떤 기업의 대차대조표가 다음과 같다고 하자.

자산 유동자산　　　　15억 원 ┃당좌자산　5억 원 ┃재고자산 10억 원 비유동자산　　　　10억 원 ┃투자자산　5억 원 ┃유형자산　5억 원	유동부채　10억 원 비유동부채 5억 원
	자본금 5억 원 기타자본 5억 원
자산 계 25억 원	부채와 자본 계 25억 원

각 금융기관에서는 기업의 재무제표를 살펴보고 이자지급능력이 있는지, 파산위험이 있는지 등을 검토한다. 예를 들어 유동자산 15억 원을 유동부채 10억 원으로 나눠 보면 150%{(15억 원/10억 원)×100}가 나온다. 이 결과는 현재 보유한 유동자산으로도 단기부채를 상환할 수 있는 능력이 충분하다는 것을 의미한다. 하지만 유동자산의 내용을 보면 현금으로 바꾸는 데 제약이 있는 재고자산 비중이 매우 크다는 것을 알 수 있다. 따라서 이 제무제표를 분석하는 금융기관은 대출금 상환을 촉진하거나 대출금 규모를 축소하는 의사결정을 내릴 수도 있다.

재무제표로
저평가 기업을 찾아내다

"팀장님, 이것 좀 보세요."

왕초보가 이절세 팀장에게 경제신문에 난 기사 한 부분을 보여 주었다.

그곳에는 다음과 같은 표가 자리 잡고 있었다.

"팀장님, 대부분의 사람들이 매출액부터 순이익까지는 알 것 같아요. 근데 다른 것들도 알고 있을까요?"

"맞다. 초보 씨 말대로 이 정도의 항목을 안다는 것은 상당히 고난도의 수준을 요구하는 것이야. 하지만 지금까지 해 온 것처럼 한다면 이 정도야 쉽게 해결할 수 있을 거야. 그러니 겁먹지 말고 한번 부닥쳐 봐."

이절세 팀장은 이제 왕초보가 조금만 노력하면 어떤 문제라도 해결할 수 있을 거라는 생각을 했다.

구분		20×5년 (실적)	20×6년 (실적)	20×7년 (예상)
항목	단위			
매출액	억 원	10,000	12,000	14,000
영업이익	억 원	200	300	400
순이익	억 원	150	250	300
EPS	원	2,500	3,000	5,000
PER	배	5.8	6.6	5.0
PBR	%	0.6	0.8	1.0
ROE	%	8.4	12.3	14.5

위의 표를 잠깐 보자.

이 표는 어떤 기업의 3개 연도의 매출액과 영업이익 등의 영업실적과 주가와 관련된 지표들을 나타내고 있다.

여기서 20×7년도의 매출액 등은 추정치를 바탕으로 작성된 것이다.

① EPS(주당순이익, Earnings Per Share)

주당순이익은 기업의 당기순이익을 보통주인 유통주식 수로 나눈 것으로 기업의 수익력을 나타내는 주식이다. 쉽게 말하면 한 해 동안 벌어들인 순이익을 주주들이 갖고 있는 주식 수로 나눈 값이다. 이렇게 나눈 결과 그 값이 크다면 1주당 벌어들인 수익이 그만큼 높으므로 수익성이 좋은 기업이라 할 수 있다.

앞의 예에서는 20×5년 주당 2,500원의 순이익을 벌어들였고 앞으로도 점점 실적이 좋아질 것으로 예상된다.

② PER(주가수익비율, Price Earnings Ratio)

PER는 기업의 주가를 앞의 주당순이익으로 나눈 비율을 말한다. 이 지표는 주당순이익의 몇 배만큼 주가가 형성돼 있는지를 보여 준다. 그래서 이 지표를 다른 기업과 비교해 봄으로써 향후 주가가 상승 또는 하락할 가능성을 예측할 수 있다. 위에서 20×5년의 PER가 5.8배라면 주가는 다음과 같이 구해진다.

$$• \text{PER} = \frac{주가}{\text{EPS}} = \frac{x}{2,500원} = 5.8배$$

(= 순이익/보통주식수)

$$\therefore x = 14,500원$$

이 기업의 주가는 14,500원대를 기록하고 있으며 주가수익비율 (PER)이 5.8배에 해당한다. 만일 이 기업이 속한 동종업계의 PER가 평균 8배라면 이 기업의 주식은 저평가됐으므로 향후 주가가 오를 가능성이 있다고 할 수 있다.

③ PBR(주가순자산비율, Price Book value Ratio)

PBR는 주가를 주당 장부가치(BPS = 자기자본/발행주식 수)로 나눈 비율을 말한다.

이 비율도 기업가치와 주가의 적정성을 평가하는 데 이용된다. 예를 들어 위의 기업의 20×5년의 PBR는 0.6%인데 이를 분석해 보자. 단, 주당 장부가치는 8,000원이라고 하자.

$$\bullet \text{ PBR} = \frac{\text{주가}}{\text{주당장부가치}} = \frac{14{,}500원}{8{,}000원} = 1.8$$

PBR는 1을 기준으로 기업가치나 주가가 과소(1보다 작은 경우) 또는 과대(1보다 큰 경우)됐다고 평가한다.

④ ROE(자기자본수익률, Return On Equity)

ROE는 자기자본수익률이라고 하며 기업에 투자된 자본을 사용해 이익을 어느 정도 달성했는지를 나타내는 수익성을 분석하는 지표에 해당한다. 이 지표는 당기순이익을 평균 자기자본으로 나누어 계산한다. 구체적으로 자기자본이 순이익의 20% 이상이면 양호하다고 판단한다.

$$\bullet \text{ ROE} = \frac{\text{당기순이익}}{\text{평균 자기자본}} \times 100$$

위 기업의 경우 20×5년의 ROE는 8.4%로 기준인 20%에 미달하므로 자본 활용도가 낮다고 보인다. 만일 이 비율을 끌어올리기 위해서는 이익이 늘어나야 할 것이다.

이상과 같은 분석지표들은 주식투자할 때 기본적으로 알아 둬야 하는 것들이다. 이러한 분석을 위해서도 재무제표가 이용되고 있다.

신입사원 왕초보, 재무제표의 달인이 되다

초판 1쇄 발행 2007년 3월 20일
초판 3쇄 발행 2008년 4월 30일
2판 1쇄 발행 2014년 4월 10일
3판 1쇄 발행 2016년 7월 30일
4판 1쇄 발행 2020년 7월 5일

지은이 신방수
펴낸이 김연홍

펴낸곳 아라크네
출판등록 1999년 10월 12일 제2-2945호
주소 서울시 마포구 성미산로 187 아라크네빌딩 5층(연남동)
전화 02-334-3887 **팩스** 02-334-2068
이메일 aradione@naver.com
ISBN 979-11-5774-665-1 13320